Neuer Stuttgarter Kommentar
– Altes Testament 33/2 –

Neuer Stuttgarter Kommentar
– Altes Testament 33/2 –

Herausgegeben von
Christoph Dohmen

Theresia Heither / Christiana Reemts

Schriftauslegung –
Die Patriarchenerzählungen
bei den Kirchenvätern

Verlag Katholisches Bibelwerk GmbH, Stuttgart

Die Deutsche Bibliothek – CIP-Einheitsaufnahme

Neuer Stuttgarter Kommentar. – Stuttgart: Verl. Kath. Bibelwerk
Altes Testament / hrsg. von Christoph Dohmen.
33. Heither, Theresia: Schriftauslegung
2. Die Patriarchenerzählungen bei den Kirchenvätern. – 1999

Heither, Theresia:
Schriftauslegung / Theresia Heither/Christiana Reemts.
Stuttgart : Verl. Kath. Bibelwerk
   (Neuer Stuttgarter Kommentar : Altes Testament ; 33)
   2. Die Patriarchenerzählungen bei den Kirchenvätern. – 1999
   ISBN 3-460-07332-2

ISBN 3-460-07332-2
Alle Rechte vorbehalten
© 1999 Verlag Katholisches Bibelwerk GmbH, Stuttgart
Druck: Druckerei Neubert, Bayreuth

Inhaltsverzeichnis

VORWORT DES HERAUSGEBERS 7

VORWORT 9

ERSTER TEIL: EINFÜHRUNG
CHRISTIANA REEMTS.. 11
1. Die Botschaft von Christus in der antiken Welt 11
2. Die Kirchenväter – Theologische
   Bemühung um den Glauben 14
3. Die Schriftauslegung der Kirchenväter 19
   3.1 Hermeneutische Grundfragen 20
   3.2 Wege der Schriftauslegung 35
4. Das Buch Genesis bei den Kirchenvätern 45

ZWEITER TEIL: AUSGEWÄHLTE, KOMMENTIERTE
TEXTE: THERESIA HEITHER
1. Abraham, Vater unseres Glaubens 63
2. Isaak, der einzige, geliebte Sohn 111
3. Jakob und Israel 136
4. Josef, der verfolgte Gerechte 156

Quellenangaben 168

Literatur 171

Vorwort des Herausgebers

Die Kommentarreihe des *Neuen Stuttgarter Kommentars – Altes Testament* (NSK-AT) versucht die Wirkungsgeschichte der biblischen Texte aus der Einsicht, daß in ihr oft das aufbricht, was im Text verborgen angelegt ist, in die Auslegung mit einzubeziehen. Auf diesem Wege wird nicht selten ein tieferer Zugang zu den Aussagen des Textes selbst gefunden. Der Zentralpunkt der Wirkungsgeschichte »alttestamentlicher« Texte liegt dort, wo dieselben Texte in verschiedenen Kontexten ausgelegt werden. Greifbar ist das in der jüdischen und christlichen Auslegung dieser Texte. Die »Bibel Israels« hat eine zweifache Nachgeschichte, im Judentum als Jüdische Bibel, die im Horizont der jüdischen Tradition gelesen wird, und im Christentum als Altes Testament, das den ersten Teil der *zweieinen* Heiligen Schrift (AT und NT) im Christentum bildet.

Um von dieser Besonderheit her die biblischen Texte verstehen zu können, bieten die vorliegenden Ergänzungsbände »Schriftauslegung« Parallelbeispiele des Umgangs mit diesen Texten bei den Kirchenvätern und den Rabbinen, um Gemeinsames und Eigenes von Juden und Christen auf der Basis der Heiligen Schrift sichtbar werden zu lassen und so ein neues und tieferes Verständnis der biblischen Texte zu ermöglichen.

Christoph Dohmen

Vorwort

Das Buch Genesis gehört zu den beliebtesten Büchern der Schrift. Seine Motive sind unzählige Male in der bildenden Kunst aufgegriffen worden, die Literatur hat sich seiner in reichem Maß als Vorlage bedient, und sogar Filme wurden über das Leben der Patriarchen Israels gedreht. Dennoch bleibt beim Lesen dieses Buches ein Gefühl der Fremdheit, und es stellt sich die Frage, was diese seltsamen, zum Teil sogar anstößigen Geschichten mit dem christlichen Glauben zu tun haben können. Diese Frage ist nicht neu, sie war schon für die Christen der ersten Jahrhunderte ein Problem.

Wie die frühe Kirche die Patriarchenerzählungen des Buches Genesis verstand, soll in diesem Buch gezeigt werden. Im ersten Teil wird nach einer Hinführung zum Schriftverständnis der Kirchenväter ein kurzer Überblick über wichtige Motive, die sich in den Patriarchenerzählungen der Genesis finden, gegeben. Im zweiten Teil sollen die Kirchenväter in längeren ausgewählten Texten selbst zu Wort kommen. Um das Verständnis zu erleichtern, sind diese Texte mit Kommentaren versehen.

Das vorliegende Buch verdankt seine Entstehung der Faszination, die von der Bibel ausgeht und der man sich, einmal davon gepackt, nicht mehr entziehen kann. Diese Faszination führt dazu, die Begegnung mit den Kirchenvätern als eine Begegnung mit Menschen zu erleben, denen die Bibel in ähnlicher Weise wichtig war, so wichtig, daß dieses Buch für sie Quelle und Ziel jeder Denkbemühung ist. Dadurch leiten sie auch ihre Leser an, die Bibel zu lesen, sie neu zu lesen, sie wieder und wieder zu lesen und in ihr die Begegnung mit Gott zu suchen. Wenn es gelänge, auch dem heutigen Leser etwas von der Freude an der Bibel, die die Kirchenväter ausstrahlen, zu vermitteln, wäre der Sinn dieses Buches erreicht.

Besonders danken möchten wir Herrn Prof. Dr. Christoph Dohmen und dem Verlag Katholisches Bibelwerk, daß sie dieses Buch in die Reihe »Neuer Stuttgarter Kommentar AT« aufgenommen haben. Vielfältiger Dank gilt auch Herrn Prof. Dr. E. Dassmann und Herrn Prof. Dr. L. Hossfeld für ihre Gesprächsbereitschaft und die damit verbundenen Anregungen.

Gewidmet sei dieses Buch unserer Äbtissin Luitgardis Hecker OSB.

Abtei Mariendonk, Ostern 1999

Theresia Heither OSB
Christiana Reemts OSB

I. *Einführung*

Christiana Reemts

1. Die Botschaft von Christus in der antiken Welt

Das Christentum entstand in einer Welt, die ähnlich der heutigen durch eine Vielzahl von weltanschaulichen Angeboten geprägt war. Neben Praktiken der traditionellen griechisch-römischen Religion und dem Kaiserkult gab es zahlreiche aus dem Osten kommende neue Religionen und einen blühenden Markt okkultistischer Angebote. Eine neue religiöse Gruppe konnte in einer solchen Gesellschaft einerseits damit rechnen, auf ein zumindest oberflächliches Interesse zu stoßen, mußte aber auch danach trachten, sich von anderen Gruppen abzugrenzen und das typisch Eigene deutlich zu machen.

Das Besondere des Christentums

Gegenüber den herrschenden Religionen im Römerreich, vor allem gegenüber den besonders populären Mysterienreligionen und der Gnosis, betont die christliche Gemeinde den historischen Charakter ihres Glaubens. Die Geschichte ist der Ort, an dem sich Mensch und Gott begegnen. Die Artikel des christlichen Glaubensbekenntnisses erheben den Anspruch, keine Mythen zu sein, d.h. allgemeingültige Wahrheiten, die sich überall und nirgends zugetragen haben können, sondern Tatsachen, bei denen Ort und Zeit angebbar sind. Die Behauptung, daß Gott in der Geschichte gehandelt habe und daß er mit Jesus Christus ein für alle Menschen gültiges Wort gesprochen habe, war für die Gebildeten der Antike Grund zu beißendem Spott auf das Christentum. Dahinter schien ein mehr als primitives Gottesbild zu stehen und ein mangelndes Wissen um die Relativität aller menschlichen Worte.

Für die Christen selbst ergab sich aus der historischen Konkretheit ihres Glaubens eine ebensolche Konkretheit des Lebens. Ihr Glaube an Jesus Christus zwang sie zu seiner Nachfolge und das bedeutete: zu einem Leben, das sich um die Erkenntnis Gottes und seines Willens bemühte. Damit war das Christentum (wie das Judentum, aber im Gegensatz zu vielen anderen antiken Religionen) eine Religion, die alle Bereiche des Lebens (Überzeugungen, Lebensführung, Kult) betraf und den Menschen ganz einforderte.

Juden und Christen

Die ersten Christen unterschieden sich äußerlich zunächst nicht von den Juden und wurden von ihrer Umwelt als eine jüdische Sekte wahrgenommen, von denen es viele gab. Das Neue Testament bezeugt, daß die Christen am Tempelgottesdienst teilnahmen (vgl. Apg 3,1), die jüdischen Speisevorschriften einhielten (vgl. Apg 10,14) und auch sonst das alttestamentliche Gesetz befolgten. Ihre Heilige Schrift war selbstverständlich die Bibel Israels. Aus ihr lebten sie und von ihr her suchten sie Tod und Auferstehung Christi zu verstehen.

Einschneidende Ereignisse in der Entwicklung der frühen Kirche waren die Entscheidung für eine umfassende Heidenmission und der Übergang von der ersten Generation der Augenzeugen zur zweiten Generation derer, die Jesus Christus selbst nicht mehr gekannt hatten.

Mit der Öffnung der Gemeinde Jesu Christi für Nichtjuden, von der in der Apostelgeschichte berichtet wird (vgl. Apg 9 – 12), entstand die Frage nach der Relevanz des jüdischen Ritualgesetzes, vor allem der Beschneidung und der Speisevorschriften: Mußten Heiden, die sich der christlichen Gemeinde anschließen wollten, Juden werden und jüdische Bräuche einhalten? Paulus tritt für eine gesetzesfreie Heidenmission ein, und in der Apostelgeschichte wird als förmlicher Beschluß der Jerusalemer Urgemeinde die Entscheidung mitgeteilt, die Beschneidung sei von den Heidenchristen nicht zu verlangen und von den übrigen gesetzlichen Vorschriften nur die, die für ein Zusammenleben von Juden- und Heidenchristen unumgänglich notwendig erschienen (vgl. Apg 15,19; vgl. auch Gal 2,3).

Durch die Entscheidung der Kirche, sich unbeschnittenen Heiden zu öffnen und ihre Mission weit über Judäa und Galiläa hinauszuführen, wurde die Kirche sehr bald eine reine Kirche aus den Heiden. Diese Entwicklung wurde durch den ersten Jüdischen Krieg (66-70 n.Chr.), an dem die Christen nicht teilnahmen, noch beschleunigt. Juden und Christen begannen sich gegenseitig als fremde Religion wahrzunehmen.

Die Entstehung des Neuen Testaments

Sehr früh entstand in der christlichen Gemeinde das Bedürfnis, die Botschaft von Jesus schriftlich zu fixieren, um sie vor dem Vergessen, vor allem aber vor Verfälschung zu bewahren. In einem Zeitraum von knapp 100 Jahren entstanden so die Schriften, die wir heute ‚Neues Testament' nennen.

Für die Schriftsteller des Neuen Testaments ist das Alte Testament Heilige Schrift, sie zitieren es als ‚die Schrift' (vgl. z.B. 1 Kor 15,3) oder als ‚Gesetz und Propheten' (z.B. Mt 5,17) bzw. ‚Gesetz, Propheten und Psalmen' (Lk 24,44). Bei keinem der neutestamentlichen Schriftsteller spürt man die Intention, mit der eigenen Schrift das Alte Testament überflüssig zu machen und zu ersetzen. Ganz im Gegenteil bringen sie deutlich zum Ausdruck, daß das Christusereignis nur mit Hilfe der Schrift verstanden werden kann. Mittel dazu sind die zahlreichen Zitate und Rückverweise auf das Alte Testament.

Interessant ist in diesem Zusammenhang, daß die frühe Kirche die Schriften des Alten Bundes von den Juden übernahm, ohne sie zu verändern. Das ist nicht ganz selbstverständlich, es wäre auch denkbar gewesen, sie entschieden zu kürzen und etwa nur das zu übernehmen, was unmittelbar in Beziehung zu Christus stand, oder aber ihnen eine fortlaufende christliche Deutung hinzuzufügen. Die Kirche tat nichts dergleichen, sondern sie anerkannte diese Schriften als kanonisch, d.h. verstand sie als Texte, auf die die Warnung des Dtn zutraf: »Ihr sollt dem Wortlaut dessen, worauf ich euch verpflichte, nichts hinzufügen und nichts davon wegnehmen« (Dtn 4,2; vgl. auch 13,1).

Die Christen hängten ihre eigenen Schriften, das Neue Testament, als eine Art Anhang oder Fortsetzung an das Alte Testament an, ohne dieses selbst zu verändern. Dadurch entstand die zweigeteilte Bibel, die wir noch heute haben: zuerst das Alte Testament, das mit etwas anderer Reihenfolge der Bücher auch die Bibel der Juden ist, dann das Neue Testament. Durch das Hintereinander der Schriften ergibt sich indirekt die Aufforderung, zuerst das Alte Testament zu lesen und dann das Neue. Denn nur für den, der das Alte Testament gelesen hast, wird das Neue verständlich.

Vor allem drückte die christliche Gemeinde durch die Zusammenstellung von Altem und Neuem Testament aus, daß sie davon überzeugt war, es in beiden Fällen mit demselben Gott zu tun zu haben. Von ihm sprechen beide Testamente, als sein Wort müssen beide verstanden werden. So bringt die zweigeteilte Bibel einerseits zum Ausdruck, daß auch für Christen das Alte Testament Wort Gottes ist, andererseits daß dieses Wort im Neuen Testament eine Fortsetzung und Vollendung findet.

Als im 2. Jh. Markion das Alte Testament verwarf, weil es seiner Ansicht nach die Botschaft eines fremden Gottes war, der mit dem liebenden Gott des Neuen Testaments nichts zu tun hatte, nahm die Gesamtkirche diese ‚Reform' aufgrund ihres Gottesbildes nicht an. Die Christen wußten, daß sie weder den ‚unbewegten Beweger' der griechischen Philosophie noch einen völlig unbekannten neuen Gott, der sich in Jesus Christus zum ersten Mal der Menschheit offenbart hatte, anbeteten, sondern daß ihr Gott, den sie als Vater Jesu Christi verehrten, der Gott Israels war, der durch Mose und die Propheten gesprochen hatte.

Die Kontinuität der Heilsgeschichte war für die Christen eine unaufgebbare Glaubensüberzeugung. Die Schriften des Alten Testaments zu verwerfen wäre daher ein Akt der Gotteslästerung gewesen. Dadurch daß die Kirche das Alte Testament als Heilige Schrift verehrte, wurde im Gegenteil das Wort des Gottes Israels zu allen Völkern gebracht und der Glaube an ihn fand eine große Ausweitung.

2. Die Kirchenväter – Theologische Bemühung um den Glauben

Das in der apostolischen Zeit Grundgelegte mußte in den folgenden Jahrhunderten in seinen Konsequenzen zu Ende gedacht und ausformuliert werden. Die christlichen Theologen der ersten sieben Jahrhunderte standen vor der geschichtlich einmaligen Herausforderung, in umfassender Weise Glaubenslehre, Liturgie und Diakonie aufzubauen und so den Charakter des christlichen Lebens als Nachfolge Christi deutlich zu machen. Auf dem Fundament, das sie errichtet haben, steht bis heute der Glaube der Kirche.

Bezeichnung

Den Theologen der frühen Kirche wird der Ehrenname ‚Vater' zuerkannt, ihre Zeit wird als ‚Zeit der Kirchenväter' oder ‚patristische Zeit' (von pater = Vater) bezeichnet.

Zum Begriff des Kirchenvaters im strengen Sinn gehört, daß dieser den Glauben unverkürzt und unverfälscht verkündet und mit einem heiligen Leben bezeugt hat. Nicht-heilige Theologen der frühen Kirche oder solche, die in einem oder mehreren Punkten Lehren vertraten, die die Kirche später nicht annahm, nennt man daher unterscheidend ‚Kirchenschriftsteller'.

In diesem Buch wird nicht zwischen Kirchenvätern und Kirchenschriftstellern differenziert; wenn von ‚den Kirchenvätern' die Rede ist, sind alle großen Theologen zwischen dem Ende der apostolischen Zeit und dem 7. Jh. gemeint. Ein Schwerpunkt liegt auf der Zeit zwischen dem 3. und dem 5. Jh.

Die in diesem Buch zitierten Kirchenväter		
Name	Ort	Zeit
Justin der Märtyrer	Syrien u. Rom	2. Jh.
Melito von Sardes	Kleinasien	2. Jh.
Irenäus von Lyon	Gallien	2. Jh.
Origenes	Ägypten u. Palästina	3. Jh.
Ambrosius	Italien	4. Jh.
Hieronymus	Italien u. Palästina	4. Jh.
Hilarius von Poitiers	Gallien	4. Jh.
Cyrill von Jerusalem	Palästina	4. Jh.
Ephräm der Syrer	Syrien	4. Jh.
Aphrahat	Syrien	4. Jh.
Augustinus	Hippo Regius/Nordafrika	4./5. Jh.
Cäsarius von Arles	Gallien	5./6. Jh.
Gregor der Große	Italien	6./7. Jh.

Theologische Spannbreite

Der Ausdruck ‚die Kirchenväter' darf nicht dazu verführen zu meinen, die Kirchenväter seien eine völlig einheitliche Gruppe von Theologen gewesen. Dazu waren sie sowohl räumlich wie auch zeitlich zu weit voneinander entfernt. Die frühesten Kirchenväter lebten noch zur Zeit der Christenverfolgung und hatten ein sehr viel distanzierteres Verhältnis zu Staat und Gesellschaft als die späteren Bischöfe der Reichskirche. Die Beziehung zum Judentum war zu Zeiten und in Gegenden, in denen man noch um den jüdischen Ursprung des Christentums wußte und Kontakt mit jüdischen Gelehrten hatte, achtungsvoller als dort, wo man Juden kaum kannte oder sie nur als Gegner des eigenen Glaubens wahrnahm. Auch die persönliche Biographie der Kirchenväter unterschied sich und beeinflußte die jeweilige Theologie; so gab es Kirchenväter, die schon als Kind getauft worden waren, und andere, die erst nach langem Ringen und vielen Irrwegen zur Kirche fanden.

Nicht zu unterschätzen sind auch die Unterschiede in der Theologie. Während man im Westen in der Regel nicht viel Interesse an theologischen Spekulationen hatte, sondern eher den praktisch-moralischen Aspekt des Christentums betonte, hat die Kirche des Ostens in einer gewaltigen intellektuellen und religiösen Anstrengung die großen trinitätstheologischen und christologischen Probleme durchdacht und Lösungen gesucht, von denen die Theologie noch heute zehrt.

Auch in der Exegese gab es verschiedene Schulen, von denen am bekanntesten die alexandrinische Schule und die antiochenische Schule sind. Während die erste sich mit Hilfe der Allegorese um den geistigen Sinn der Schrift bemühte, hielt sich die letztere enger an den Wortsinn und lehnte die Allegorese ab. Ganz streng geschieden sind beide Schulen allerdings nicht, auch in Alexandrien gab es vielfältige Bemühungen um den Wortsinn, auch in Antiochien lehnte man nicht grundsätzlich jede geistige Schriftauslegung, die man dort ‚Theoria' nannte, ab, sondern bestand nur darauf, daß der Zusammenhang mit dem Wortsinn erhalten blieb.

Trotz aller Unterschiede hat es eine gewisse Berechtigung, von ‚den Kirchenvätern' zu sprechen, denn diese Theologen haben, vergleicht man sie mit den Gelehrten des Mittelalters oder der Neuzeit, bei aller Verschiedenheit Gemeinsamkeiten, die die Sammelbezeichnung rechtfertigen: zeitliche Nähe zum Ursprung, eine Theologie der ganzen Bibel aus Altem und Neuem Testament, die Überzeugung, in der Bibel das inspirierte Wort Gottes zu finden, gemeinsame hermeneutische und exegetische Grundsätze.

Was können uns die Kirchenväter heute sagen?

Kirche lebt davon, daß Glaube aufgenommen und weitergegeben wird. Der Einzelne ist dabei Glied in einer langen Kette, er schafft die Inhalte seines Glaubens nicht selbst, trägt aber die Verantwortung dafür, die empfangene Botschaft so aufzunehmen, daß sie auch für die nächste Generation weitersagbar bleibt. In diesem Prozeß der Traditionsweitergabe gibt es Zeiten, in denen es wichtig wird, sich neu den Ursprüngen, dem, was aller Tradition zugrundeliegt, zuzuwenden.

Die Basis des christlichen Glaubens ist die Bibel. Der Zugang zu ihr ist nicht leicht; zu groß ist nach 2000 Jahren der Zeitenabstand. Zwei Fragen sind in letzter Zeit in der Bibelwissenschaft, aber auch in der nichtwissenschaftlichen Beschäftigung mit der Schrift zunehmend wichtig geworden: die Frage nach der Methode der Schriftauslegung (»Wie finde ich einen Zugang zur Bibel?«) und die Frage nach dem Sinn des Alten Testaments für die christliche Kirche (»Ist das Alte Testament für mich als Christ durch das Neue Testament ersetzt?«). Beide Fragen sind miteinander verbunden, insofern es auch eine Frage der richtigen Methode ist, ob es gelingen wird, das Alte Testament nicht nur für die Theologie, sondern auch für den Glauben zu retten.

Die christliche Bibel besteht deutlich erkennbar aus zwei Teilen, die wir Altes und Neues Testament nennen und von denen wir den ersten Teil (das Alte Testament) vom Judentum übernommen haben und mit ihm gemeinsam als Heilige Schrift ansehen. In dieser Zweiteilung der Bibel liegen eine Fülle von Problemen. Welche Bedeutung hat das Alte Testament für das Christentum, da es doch offensichtlich lange vor Jesu Geburt geschrieben wurde und nicht von ihm spricht? Ist es übernommener Ballast, den es redlicherweise abzuwerfen gilt, oder steht es in einer Beziehung zu Jesus Christus, und wenn ja, in welcher?

Hinter dem Methodenproblem steht eine sich ausbreitende Skepsis gegenüber der historisch-kritischen Exegese. Dabei wird weniger der wissenschaftliche als der religiöse Ertrag dieser Exegese in Frage gestellt, da es ihr zwar gelingt, die biblischen Texte in ihrem historischen Kontext verständlich zu machen, nicht aber die Frage zu beantworten: »Was sagt dieser Bibeltext mir/uns?« Davon hängt jedoch ab, ob die Schrift auch heute noch ‚Heilige Schrift' ist. Gesucht werden daher exegetische Methoden, die die Bedeutung der Schrift für den aktuellen Glaubensvollzug aufzeigen.

In dieser Situation erscheint es lohnend, sich der christlichen Tradition der ersten Jahrhunderte zuzuwenden. Ihre exegetischen Methoden, die vielfach als ‚vorwissenschaftlich' belächelt werden, ermöglichen, gerade weil sie von anderen Fragen als die Moderne ausgehen, einen überraschend neuen Blick auf die Schrift. Die patristischen Theologen stehen ganz am Anfang einer christlichen Beschäftigung mit dem Alten Testament. Ihre Aufgabe ist es, das Alte Testament mit dem ganz Neuen des Christusereignisses zusammenzudenken und die Erfahrung, daß Gott sich in Jesus Christus endgültig offenbart hat, mit dem Wissen um den göttlichen Ursprung der Bibel Israels so zu verbinden, daß weder das Christusereignis noch das Alte Testament relativiert werden, sondern beides als die Stimme des einen Gottes Israels vernehmbar bleibt.

Die Beschäftigung mit der Exegese der Kirchenväter zwingt dazu, die eigenen Voraussetzungen bewußt wahrzunehmen und sich mit ihnen auseinanderzusetzen. Dies kann gerade in einer Umbruchzeit hilfreich sein, vorausgesetzt, die hier begegnende Fremdheit wird sehr bewußt aufgenommen und mit dem eigenen Denken konfrontiert. Sie läßt aufhorchen, und in diesem Aufhorchen zwingt sie, die eigenen Grundlagen zu überprüfen. Sie eröffnet somit die Chance, die eigene Bedingtheit und die eigenen Vorurteile wenigstens partiell zu transzendieren und sich nicht mit einer allzu vordergründigen Sicht zufrieden zugeben. Der Zugang zur Bibel ist auf vielen Wegen möglich, denn die Wahrheit, auch das von Gott geoffenbarte Wort, ist dem Menschen nur perspektivisch zugänglich. Wir können nie das Ganze sehen, sondern immer nur Ausschnitte. Nur die Beschäftigung mit möglichst vielen Sichtweisen auf dieses Wort ermöglicht es, seinen Reichtum zu erfassen.

Daher ist die sogenannte wirkungs- oder rezeptionsgeschichtliche Beschäftigung mit der Bibel in neuerer Zeit verstärkt in das Blickfeld der Forschung geraten. Wirkungsgeschichtlich arbeiten bedeutet, die Geschichte der Auslegung von Texten korrekt darzustellen und zu zeigen, welche Ansätze es gab, einen bestimmten Text zu verstehen. So kann Wirkungsgeschichte helfen, sich von Theologen früherer Zeiten Aspekte der Sache, und d.h. in diesem Falle des Bibeltextes, zeigen zu lassen, die man ohne sie vielleicht übersehen hätte.

Liest man die Kirchenväter, so fällt die Selbstverständlichkeit auf, mit der sie von der Wirklichkeit Gottes ausgehen. Gott handelt und vor allem er spricht, und zwar in einer Weise, die jeder Mensch wahrnehmen kann, wenn er sich nicht verschließt. Die Bibel ist der bevorzugte Raum dieser Gottesbegegnung. In einer vom Heiligen Geist geführten ‚geistigen Schriftauslegung‘, die im folgenden vorgestellt werden soll, versuchen die Kirchenväter über den buchstäblichen Sinn eines Textes hinaus zu zeigen, was Gott mit diesem Text hier und heute sagen will. Damit tritt bei ihnen sehr deutlich die theologische Seite von Exegese in den Blick und bietet vielleicht ein Gegengewicht zu der lange Zeit zu starken Betonung historischer Erkenntnisse.

Es ist sicher nicht möglich und auch nicht wünschenswert, das Weltbild der ersten Christen und ihrer Theologen einfach zu übernehmen. Fragen, die in der heutigen Zeit wichtig geworden sind, fehlen bei ihnen zum Teil ganz oder werden nicht in gleicher Weise als Problem empfunden. Das Problem der Bewahrung der Schöpfung, die Frage nach der Gleichberechtigung der Frau oder auch die bleibende theologische Würde des jüdischen Volkes sind nicht thematisiert. Dennoch ist es fruchtbar, in ein Gespräch mit den Kirchenvätern einzutreten, nicht weil sie unsere Fragen beantworten, sondern weil wir im Hören auf ihre Fragen und auf die Antworten, die sie geben, die Bibel neu, anders und vielleicht tiefer sehen lernen.

3. Die Schriftauslegung der Kirchenväter

In diesem Buch, in dem es um die Patriarchenerzählungen der Genesis geht, soll das Bemühen der Kirchenväter um das Verständnis des Alten Testaments dargestellt werden. Die Grundsätze und

Methoden ihrer neutestamentlichen Exegese sind nicht berücksichtig worden.

Wenn die Kirchenväter das Alte Testament lesen, lesen sie es immer auf dem Hintergrund des Christusereignisses und daher in enger Verbindung mit dem Neuen Testament. Die Autoren des Neuen Testaments sind die bevollmächtigten Zeugen Jesu Christi, die mit apostolischer Autorität den Glauben weitergeben; Inhalt dieses Glaubens ist neben Tod und Auferstehung Jesu Christi nach der Überzeugung der Alten Kirche auch seine Gegenwart im Alten Testament.

3.1 Hermeneutische Grundfragen

Der Text des Alten Testaments

Die Schrift der Juden, das ‚Alte' oder ‚Erste Testament' im christlichen Sprachgebrauch, blieb, auch nachdem es das Neue Testament gab, Heilige Schrift für die Christen. Allerdings übernahm die Kirche das Alte Testament nicht im hebräischen Urtext, sondern in der Übersetzung des hellenistischen Diasporajudentums, der sogenannten Septuaginta (LXX).

Eine Legende erzählt, die hebräische Bibel sei auf Befehl des Königs Ptolemäus II. (3. Jh. v. Chr.) von 72 jüdischen Gelehrten ins Griechische übertragen worden und alle 72 hätten ganz genau dieselbe Fassung abgeliefert. Durch das Wunder dieser Übereinstimmung, die nur durch den Geist Gottes gewirkt sein konnte, habe die Richtigkeit der Übersetzung festgestanden und sie sei deshalb als authentisch angenommen worden. Die Legende will nicht so sehr die historische Entstehung dieser Übersetzung berichten, sondern ihren göttlichen Ursprung, d.h. ihre Inspiriertheit bezeugen. Daß die Septuaginta inspiriertes Gotteswort ist, wird zur Zeit Jesu allgemein vorausgesetzt; wo im Neuen Testament aus dem Alten Testament zitiert wird, liegen diese Zitate in der Regel in der Septuagintaversion vor. Erst im 4. Jh. stellt Hieronymus kritische Anfragen an die Septuaginta, denn seine Hebräischkenntnisse ermöglichen es ihm wahrzunehmen, daß die griechische Übersetzung nicht in allen Fällen denselben Sinn hat wie der hebräische Text. Hieronymus greift daher bei seiner Übersetzung der Bibel ins Lateinische neben der Septuaginta auch auf den hebräischen Text zurück. Die damit aufgeworfene Frage, ob der in der Kirche benutzte Bibeltext überhaupt gültig sei, wird von Augustinus beantwortet, indem er die Septuaginta als Produkt der Freiheit des göttlichen Geistes deutet; wenn es dem Geist Gottes gefallen habe, bei der Übersetzung ins Griechische Texte oder Textteile zu verändern, müsse der Mensch dies gehorsam als neue Offenbarung annehmen. Ähnlich war schon früher Origenes vorgegangen. Als er beim Vergleich verschiedener griechischer Handschriften Varianten fand, bei denen ein Urteil über die Echtheit nicht sicher zu fällen war, legte er beide oder, wenn es mehr waren, alle Varianten aus, um nur ja nichts vom göttlichen Wort zu übergehen.

Die Septuaginta hatte für das Judentum die Funktion einer Brücke zur griechisch-sprachigen Kultur ihrer Umwelt. Sie bewahrte denjenigen Juden das Erbe ihrer Väter, die sich weitgehend in die Bildungswelt und die Kultur der hellenistischen Spätantike integriert hatten und kein Hebräisch mehr verstanden, indem sie alttestamentliches Gedankengut in hellenistische Begrifflichkeit übertrug. Gleichzeitig ebnete sie den Weg für eine Übernahme des Alten Testaments durch die mehrheitlich aus ehemaligen Heiden bestehende christliche Kirche. Zur Zeit Jesu ist die Septuaginta auch für Juden der normative Bibeltext. Die Autoren des Neuen Testaments zitieren sie unbefangen. Erst als Juden und Christen anfangen, sich als unterschiedliche Glaubensgemeinschaften zu begreifen, verzichten die Juden auf die Septuaginta, die jetzt als ‚christliche Bibel' gilt, und anerkennen nur noch den hebräischen Text.

Die Septuaginta im Zeugnis der Kirchenväter

»Ein und derselbe Geist Gottes hat nämlich durch die Propheten die Ankunft des Herrn und deren nähere Umstände angesagt und durch die (siebzig) Ältesten richtig übersetzen lassen, was richtig prophezeit worden war.«
(*Irenäus*, Gegen die Häresien 3,21,4)

»Es wird überliefert, die Übereinstimmung in ihrem Wortlaut (i.e. der Septuaginta) sei so wunderbar und verblüffend, ja geradezu göttlich gewesen, daß, obwohl die siebzig Männer jeder für sich und getrennt voneinander bei der Arbeit saßen – denn auf diese Weise wollte Ptolemäus ihre Zuverlässigkeit erproben -, keiner vom anderen auch nur in einem Worte, hätte es auch die gleiche Bedeutung gehabt, ja sogar in der Wortstellung abwich. Als wäre es nur ein Übersetzer gewesen, übersetzten alle ein und dasselbe; denn es war tatsächlich der eine Geist in ihnen allen. Und deshalb ward ihnen solch wunderbare Gottesgabe zuteil, damit auch hierdurch das hohe Ansehen dieser nicht etwa menschlichen, sondern in Wahrheit göttlichen Schriften verbürgt werde. Das sollte den künftig glaubenden Heiden zugute kommen, und so ist es auch geschehen.«

(*Augustinus*, Vom Gottesstaat 18,42)

»Denn derselbe Geist, der in den Propheten wirkte, als sie jene Aussprüche taten, war auch in den siebzig Männern wirksam, die sie übersetzten. Der aber konnte sicherlich mit göttlichem Ansehen auch etwas anderes sagen, und es war dann so, als hätte der Prophet beides gesagt, weil derselbe Geist beides sagte. Auch konnte er dasselbe auf andere Weise sagen, so daß einsichtigen Lesern trotz verschiedener Worte der gleiche Sinn einleuchten muß, konnte auch wohl einiges auslassen und einiges hinzufügen, um dadurch zu zeigen, daß dies nicht ein Werk menschlichen Knechtsdienstes war, wie ihn sonst ein Übersetzer seiner Vorlage schuldet, sondern ein Werk göttlicher Vollmacht, die den Geist des Übersetzers durchdrang und leitete.«

(*Augustinus*, Vom Gottesstaat 18,43)

Inspiriertes Wort Gottes

Die Autoren des Neuen Testaments und nach ihnen die Kirchenväter übernehmen von den Juden nicht nur den Text des Alten Testaments, sondern auch den Glauben an den göttlichen Ursprung der Bibel. Die Bibel ist Heilige Schrift und zwar nicht nur in dem Sinne, daß man in ihr menschliche Erfahrungen mit Gott ins Wort gefaßt findet, sondern vor allem weil sie von Gott stammt und an seiner Heiligkeit Anteil hat. Sie ist inspiriertes Wort des lebendigen Gottes, sie enthält die Selbstoffenbarung Gottes und seine Anrede an den Menschen. Wort Gottes sind im Verständnis der Kirchenväter nicht nur biblische Texte, die sich als Gottesrede ausgeben, indem sie mit »so spricht Gott, der Herr« oder »das Wort des Herrn erging an den Propheten« eingeführt werden, sondern jeder einzelne Abschnitt der Bibel, ob Geschichtserzählung, Gesetzestext, Psalm oder Prophetenrede. Überall gilt es, die Stimme Gottes zu hören; kein Teil der Bibel kann, da er an der Ewigkeit Gottes Anteil hat, veralten oder überholt werden. Gott hat seinem Wort von Anfang an eine unendliche Bedeutungsfülle gegeben, die keine Generation je ausschöpfen kann.

Für den Umgang mit der Bibel hat dieses Verständnis unmittelbar Konsequenzen, die die Lektüre der Bibel vom Lesen jedes anderen Buches unterscheidet. Bei anderen literarischen Werken kann man davon sprechen, daß spätere Leser den Text besser verstehen als der Autor selbst, z.B. weil sie über Quellen verfügen, die die unbewußten Voraussetzungen des Autors, die dieser nicht kannte, deutlich machen, oder weil sie die Wirkungsgeschichte eines Werkes kennen. Sofern man den menschlichen Verfasser der Bibel in Betracht zieht, gibt es diese Möglichkeit des Besser-Verstehens als der Autor natürlich auch bei biblischen Texten. In Bezug auf den göttlichen Ursprung der Bibel, der den Kirchenvätern vor allem wichtig ist, gilt dies jedoch nicht. Hier kann kein Mensch einen übergeordneten Standpunkt einnehmen. Ein tieferes Verständnis, das von Gott nicht gewollt ist, bzw. Gott selbst nicht bewußt war, kann es nicht geben. Gott hat von Anfang an all das, was Menschen in der Bibel finden würden, und damit ihre gesamte Wirkungsgeschichte mitgewollt. Die Aufgabe des Menschen ist es, immer mehr die Fülle dessen, was Gott in die Bibel hineingelegt hat, zu erforschen. Dieses Forschen ist nach Überzeugung der Kirchenväter prinzipiell unendlich, ohne daß man sagen müßte, in den Text würden Interpretationen hineingelesen, die nicht von Anfang an in ihm lagen.

Aus dem Gesagten ergibt sich ein bestimmtes Geschichtsverständnis. Geschichte ist für die Kirchenväter nicht wie für die Neuzeit ein Strahl (das Frühere ist zwar Bedingung für das Spätere, weiß aber nichts von ihm), sie ist auch kein ewiger Kreislauf (in dem alles immer wiederkehrt), sondern ein von Gott gewolltes und geplantes

Geschehen. Das bedeutet, daß das Frühere schon auf eine Fortsetzung und Vollendung im Späteren angelegt ist. Natürlich ist menschliche Einsicht zu begrenzt, um das Handeln und die Pläne Gottes in seinen Einzelheiten zu durchschauen, aber im Glauben ist es doch möglich zu wissen, daß Gott der Herr der Geschichte ist, und von dieser Voraussetzung aus zu sehen, wie er in dem Früheren das Spätere schon ankündigt.

Die Kirchenväter betonen die göttliche Seite der Bibel, was aber nicht bedeutet, daß sie den menschlichen Anteil an ihrer Entstehung leugnen oder ihre unmittelbare geschichtliche Aussage geringschätzen. Sie wissen, daß die Bibel von Menschen niedergeschrieben worden ist und das Denken und damit auch die Begrenztheit der Menschen ihrer Entstehungszeit spiegelt. Auch mit Fehlern in der Textüberlieferung rechnen sie durchaus. Deshalb sind bei der Auslegung der Bibel alle wissenschaftlichen Hilfsmittel zu gebrauchen, die einer Zeit zur Verfügung stehen. Die Antike hatte eine hochentwickelte Philologie, die für die Arbeit an der Bibel herangezogen werden konnte. Ohne dieses Bemühen um den Text und seine zeitgeschichtlichen Hintergründe ist es auch nach Ansicht der Kirchenväter nicht möglich, die Bibel wirklich zu verstehen.

Die Inspiration der Schrift und damit ihre göttliche Urheberschaft wäre mißverstanden, wenn man die Bibel als ein vom Himmel gefallenes Buch betrachten würde. Eher ist der Vergleich mit der Person Jesu Christi richtig und zutreffend. In der Schrift hat sich Gottes Wort in ähnlicher Weise wie in Jesus Christus inkarniert, indem es sich ganz mit dem menschlichem Wort verband. Wie in Christus nicht Gott und Mensch zu trennen ist, so ist auch in der Bibel eine Trennung von göttlichem und menschlichem Wort weder möglich noch sinnvoll. Das Bemühen der patristischen Theologen geht dahin, gerade in dem menschlichen Wort das göttliche Wort zu vernehmen.

Offenbarung des einen dreifaltigen Gottes

Wer aber ist dieser Gott, der sich in der Schrift offenbart und damit zur Welt in Beziehung tritt, der sich ihrer Sprache und ihren Denkformen angleicht und diese benutzt, um den Menschen seinen Bund anzubieten?

Es wurde schon gesagt, daß die Kirchenväter die gesamte Schrift, Altes und Neues Testament, als eine Einheit wahrnehmen. Ihr Einheitsprinzip liegt nicht zuerst in einer historischen oder literarischen Kontinuität, sondern in Gott selbst. Der Gott, der sich im Alten Testament geoffenbart hat, ist derselbe, der sich im Neuen Testament offenbart. Nur unter dieser Voraussetzung ist die eine Bibel mit ihren zwei Teilen theologisch glaubwürdig.

Läßt sich dieser Gedanke aber konkret bei der Auslegung der Schrift durchhalten? Im Alten Testament ist von dem einen Gott die Rede, den Israel allein verehren soll (vgl. Dtn 6,4). Die Christen aber verehren ‚den Vater, den Sohn und den Heiligen Geist' und taufen in diesem Namen (vgl. Mt 28,19). Es war die große theologische Aufgabe der Kirche im 4. und 5. Jh. n.Chr., zu begreifen, was das bedeutet. Wie kann Gott der Eine sein, wenn auch Jesus Christus und der Geist Gott sind? Läßt sich die Vorstellung von drei Göttern vermeiden oder zumindest die Vorstellung von Ober- und Untergöttern? Wie kann Jesus Christus Gott und Mensch zugleich sein, ohne daß das eine (das Gott-Sein) das andere (das Mensch-Sein) ganz und gar absorbiert? Auf den großen Konzilien von Nizäa (325), Konstantinopel (381), Ephesus (431) und Chalzedon (451) wurde um diese Fragen gerungen. Das Ergebnis dieser Auseinandersetzungen war die Ausformulierung des Glaubens an die Dreifaltigkeit Gottes.

Für die Kirchenväter stellte sich die Aufgabe, diesen trinitarischen Glauben in allen seinen Konsequenzen zu Ende zu denken und ihn auf die Schöpfungs- und die Offenbarungstheologie anzuwenden. Die Vorstellung, die unausgesprochen viele Menschen leitet, ist, daß Gott im Alten Testament ein einziger Gott ‚war' und erst im Neuen Testament dreifaltig ‚wurde'. Wenn man tiefer darüber nachdenkt, ist leicht einzusehen, daß diese Vorstellung falsch, ja absurd ist. ‚Dreifaltigkeit' kann keine Eigenschaft sein, die Gott im Laufe der Geschichte zugewachsen ist, sondern gehört, wenn damit überhaupt etwas Sinnvolles gesagt wird, zu Gottes ewigem Wesen. Das bedeutet, daß der Sohn und der Heilige Geist nicht irgendwann nach dem Vater entstanden sind, sondern teilhaben an seiner Ewigkeit. Schon die Schöpfung ist daher Werk des dreifaltigen Gottes, ebenso wie das gesamte Heilswirken Gottes in der Geschichte und seine Selbstoffenbarung in der Schrift.

Die Art und Weise, wie die Kirchenväter dem dreifaltigen Gott, d.h. konkret dem Vater und dem Sohn und dem Heiligen Geist schon im Alten Testament begegnen, läßt den heutigen Leser vielfach fragen, ob hier nicht etwas in den Text hineingetragen wird, was nicht in ihm steht. Kann man die Erkenntnis einer späteren Zeit so einfach in ältere Texte eintragen?

Zur Beantwortung dieser Frage muß man sehen, auf welcher Ebene die Kirchenväter hier sprechen. Die Trinität ist eine streng theologische Aussage, die sich aus der Begegnung mit Jesus Christus und dem Nachdenken über seine Person ergibt. Insofern stimmt es tatsächlich, daß hier etwas ‚Fremdes‘, nämlich nicht in ihr selbst Liegendes, in die Bibel Israels eingetragen wird. Das zeigt sich auch daran, daß die Juden den Glauben an den dreifaltigen Gott bis heute nicht nachvollziehen können. Nur vom Glauben an Jesus Christus und vom Neuen Testament her können wir wissen, daß der Gott Israels dem Menschen begegnet als der Vater, der alles ins Leben ruft und erhält, der den Menschen liebt und zu ihm spricht, als der Sohn, durch den der Vater erschafft und erlöst, und als der Geist, der den Menschen in das Leben von Vater und Sohn hineinzieht.

Die Kirche hat durch die Theologie der Offenbarung, wie sie das Zweite Vatikanum formuliert hat, gelernt, klarer zu sehen, daß Gott nicht abstrakte Wahrheiten über sich offenbart und schon gar nicht ausformulierte Katechismussätze, sondern sich selbst und seine Beziehung zum Menschen. Auch die Offenbarung der Dreifaltigkeit ist in diesem Sinne keine Lehrbuchwahrheit, die Gott genauso gut schon zu Beginn der Heilsgeschichte dem Menschen hätte mitteilen können, sondern das Ende eines langen Weges mit dem Menschen, der in Tod und Auferstehung Jesu Christi seinen Höhepunkt findet.

Von diesem Ende her aber erscheint den Kirchenvätern die Suche nach dem dreifaltigen Gott in der ganzen Bibel, auch im Alten Testament, geradezu als Pflicht. Oder anders gesagt: Wo die Bibel von ‚Gott‘ spricht oder den heiligen Namen ‚Jahwe‘ nennt, wissen sie von ihrem christlichen Glauben her, daß dieser Gott dem Menschen als Vater, Sohn und Heiliger Geist begegnet.

> **Die Schrift als Wort des dreifaltigen Gottes**
>
> »Die heiligen Bücher (sind) keine Niederschriften von Menschen, sondern aus der Eingebung des Heiligen Geistes nach dem Willen des Vaters des Alls durch Jesus Christus geschrieben worden.«
> (*Origenes*, Vier Bücher von den Prinzipien 4,2,2)
>
> »Die Schriften sind vollkommen, weil sie vom Wort Gottes und seinem Geist gesprochen sind.«
> (*Irenäus von Lyon*, Gegen die Häresien 2,28,2)

Christologische Schriftauslegung

In dem hier skizzierten hermeneutischen Horizont ist der Glaube an Jesus Christus der Schlüssel zum Verstehen der gesamten Schrift, auch des Alten Testaments. Das bedeutet nicht, daß andere Zugänge zur Schrift, vor allem die jüdische Schriftauslegung, nicht auch möglich wären, Origenes und Hieronymus verweisen bei schwierigen Fragen sogar eigens auf ihre jüdischen Gewährsleute. Für die Kirche selbst aber ist eine Schriftauslegung, die den Glauben an Christus nicht als ständigen Ausgangspunkt und zugleich als Ziel hat, nicht vorstellbar. Alle anderen Zugänge zur Schrift können eine Hilfe sein, das eigentlich Angestrebte ist eine tiefere Kenntnis des Heilswirkens des dreifaltigen Gottes.

Die Kirchenväter betonen, daß Gott der Vater sich immer in Jesus Christus, der sein Sohn und das menschgewordene Wort ist, offenbart. In ihm, der das Wort Gottes in Person ist, sind die vielen Worte Gottes zusammengefaßt (vgl. Hebr 1,1f).

Dieser Gedanke hat, so merkwürdig es klingt, seine Wurzeln schon im Judentum. Nach jüdischer Überzeugung enthält die Schrift ‚alles'. »Drehe sie und wende sie, denn alles ist in ihr« (Sprüche der Väter – Mischna Avot 5,22). Es kann keine Wirklichkeit geben, die nicht in der Tora enthalten ist.

Die christliche Gemeinde erkennt nach der Auferstehung, daß dieselbe Aussage von Christus gilt. Er ist »das Alpha und das Omega« (Offb 1,8), »alles ist durch ihn und auf ihn hin geschaffen..., in ihm hat alles Bestand« (Kol 1,16f). Wenn die Tora die gesamte Wirklichkeit (‚alles') enthält und Christus das Alpha und das Omega (‚alles') ist, dann muß er auch die Schrift ganz erfüllen.

Jesus Christus wird im Prolog des Johannesevangeliums als das ‚Wort' (griech. Logos) bezeichnet, das im Anfang bei Gott war. Diese Aussage über die Präexistenz Christi ist den Kirchenvätern sehr wichtig, da es von ihr her möglich wird, immer dann, wenn in der Bibel die Rede ist vom Wort Gottes, das an den Menschen ergeht, oder davon, daß Gott spricht, dies auf Christus zu beziehen, denn die Zuwendung Gottes zur Welt geschieht immer durch ihn, er ist das Wort, das Gott der Welt mitteilen will. Dies gilt nicht nur für die im Alten Testament recht seltenen messianischen Texte, die ausdrücklich einen kommenden Erlöser ankündigen. In allen Texten, seien es Heilszusagen Gottes, seien es Gerichtsworte, erreicht Christus den Menschen, in dem einen Fall als Erlöser, in dem anderen Fall als Richter. Selbst bei rein erzählenden Texten muß gefragt werden, inwiefern das Berichtete eine Dimension hat, die von Christus aus neu zu verstehen ist.

Der christologische Zugang zur Schrift hat, wie leicht zu sehen ist, weitreichende Konsequenzen. Zunächst stellt sich die Frage, ob das Alte Testament nicht an Wert verliert, da man unter diesen Voraussetzungen seine Bedeutung erst vom Neuen Testament her ganz erfassen kann. Ja, die Kirchenväter gehen so weit zu sagen, daß man die Inspiriertheit des Alten Testaments erst durch Christus erkennen konnte. Erst durch sein Kommen und durch die von ihm ermöglichte geistige Erkenntnis wurde der göttliche Ursprung des Alten Testaments offenbar (*Origenes*, Vier Bücher von den Prinzipien 4,1,6). Diese Aussage ist wichtig, denn sie hilft, die gestellte Frage zu beantworten. Das Neue Testament gibt dem Alten Testament nicht erst seinen Wert, als Wort Gottes ist es in sich unendlich wertvoll, aber es macht diesen ganz offenbar. Gott ist der Lebendige und auch sein Wort ist lebendig. Das aber bedeutet, daß Gottes Wort immer Fülle ist. Das Alte Testament ist keine vorläufige, mangelhafte Heilige Schrift, sondern volles Wort Gottes. Dieses Wort Gottes ist in seiner Lebendigkeit an die Väter ergangen und ergeht heute an uns: »Heute wenn ihr seine Stimme hört, verhärtet euer Herz nicht« (Ps 95,7f, aufgegriffen von Hebr 3,7f). Es wird neu verstanden nach dem Tod und der Auferstehung Jesu Christi. Vom

Wissen um die Rettung Jesu Christi aus Tod und Grab kann von allen Rettungstaten Gottes an Israel gesagt werden, daß sie Vorwegnahmen und Vorausbilder der Auferstehung Christi waren, daß Gott in ihnen schon ankündigte, daß er den Tod endgültig überwinden werde. In diesem Sinne sind die frühchristlichen Theologen der Überzeugung, daß das Alte Testament nur von Christus her, der das Ziel (telos) der Tora ist (vgl. Röm 10,4), wirklich verstanden werden kann (vgl. 2 Kor 3,12-18).

Schon die Autoren des Neuen Testaments versuchen, die Erlösung in Jesus Christus mit Hilfe alttestamentlicher Bilder und Begriffe zu verstehen. Indem sie Jesus Christus als Fels (1 Kor 10,4), neuen Adam (Röm 5; 1 Kor 15,21f), Lamm Gottes (Joh 1,29) bezeichnen, machen sie seine heilsgeschichtliche Relevanz deutlich. Diese Verwendung des Alten Testaments ist nie nur illustrativ, etwa so: Wie der Felsen in der Wüste Wasser für das Volk Israel hervorsprudeln ließ, so ist Christus für uns Quelle des Lebens. Vielmehr wird, ausgehend von der Überzeugung, daß derselbe Gott im Alten und im Neuen Testament spricht, auch für den alttestamentlichen Text eine neue Interpretation geliefert: Der lebenspendende Fels war auch für Israel schon derselbe Christus, der im Neuen Testament als der menschgewordene bezeugt wird. Die Denkrichtung verläuft also sowohl vom Alten zum Neuen Testament als auch vom Neuen zum Alten Testament. Die Schrift und das Christusereignis bestätigen sich dabei gegenseitig.

Die Kirchenväter finden über das Neue Testament hinaus in der Geschichte Israels zahlreiche ‚Typen' (Vorausbilder), d.h. Geschehnisse, Personen oder auch Dinge, die von dem in Christus gewirkten Heilshandeln Gottes aus als bildhafte Vorausdarstellungen eben dieses Heiles anzusehen sind. »Ich bin es nämlich, der sich in allen Propheten und mit ganz verschiedenen Erscheinungsformen dem Menschen angeglichen hat und so habe ich dich zur Buße aufgerufen« (*Hieronymus*, Kommentar zum Propheten Hosea 3,12,9.10). Typen Christi sind z.B. Adam, Isaak, Josef oder König David; Typen des Kreuzes sind die Arche Noach oder die Himmelsleiter, die Jakob schaute; Typus der Erlösung ist der Exodus des Volkes Israel. Dabei darf die Rede vom ‚Bild' nicht dazu verführen, die früheren Geschehnisse für unwirklich zu halten. Gerade weil David der wirkliche, von Gott erwählte König war, wurde so etwas wie die

Hoffnung auf einen neuen messianischen König möglich und damit die Bezeichnung Jesu Christi als ‚Sohn Davids'. Ebenso garantiert die historische Realität des Exodus aus Ägypten die Hoffnung auf einen neuen Exodus, der die endgültige Befreiung bringen wird (vgl. schon Jes 40).

Christus als Sprecher und Inhalt der Schrift

»Die Schrift nicht kennen, heißt Christus nicht kennen.«
(*Hieronymus*, Prolog zum Jesajakommentar)

»Denken wir uns die Schrift Gottes als einen Acker, auf dem wir etwas bauen wollen. Laßt uns nicht träge und schnell zufrieden sein; graben wir tiefer, bis wir auf den Felsen stoßen; ‚der Fels aber war Christus' (1 Kor 10,4).«
(*Augustinus*, Vorträge zum Johannesevangelium 23,1)

»Es ist also so, wie er nach dem Bericht des Johannes zu den Juden sagte: »Ihr durchforscht die Schriften, weil ihr euch von ihnen das ewige Leben versprecht. Sie sind es, die Zeugnis von mir geben. Und ihr wolltet nicht zu mir kommen, um das Leben zu haben.« (Joh 5,39f) Wie hätten die Schriften aber, als sie die Menschen im voraus über die Ankunft des Sohnes belehrten und das Heil verkündeten, das von ihm kommt, Zeugnis von ihm geben können, wenn sie nicht von ein und demselben Vater wären? »Wenn ihr nämlich dem Mose glauben würdet«, sagt er, »würdet ihr auch mir glauben, denn über mich hat er geschrieben« (Joh 5,46). In der Tat ist überall in den Schriften des Mose der Sohn Gottes eingestreut, einmal im Gespräch mit Abraham, einmal mit Noach...«
(*Irenäus von Lyon*, Gegen die Häresien 4,10,1)

»Auch im Pentateuch steht von ihm geschrieben, bei jedem der Propheten und in den Psalmen, kurz, wie der Erlöser selber sagt, in allen Schriften, auf die er uns hinweist, wenn er sagt: ‚Ihr erforscht die Schriften, weil ihr meint, in ihnen das

> ewige Leben zu haben; gerade sie legen Zeugnis über mich ab' (Joh 5,39).«
> (*Origenes*, Kommentar zum Johannesevangelium 5,6)
>
> »Kein anderes Wort Gottes erging an einen von ihnen (i.e. die Patriarchen und Propheten) als das Wort, das ‚im Anfang bei Gott war' (Joh 1,1), sein Sohn, Gott, das Wort.«
> (*Origenes*, Kommentar zum Johannesevangelium 20,42)
>
> »Es gab nicht nur eine Ankunft meines Herrn Jesus Christus auf die Erde: er kam auch zu Jesaja, zu Mose, zum Volk und zu jedem der Propheten. Fürchte dich also nicht: selbst wenn er schon in den Himmel aufgenommen worden ist, kommt er doch wieder. Daß er aber schon vor seiner Ankunft im Fleisch gekommen ist, dafür nimm ihn selbst als Zeugen. Er verkündet und sagt: ‚Jerusalem, Jerusalem, du tötest die Propheten und steinigst die, die zu dir gesandt wurden. Wie oft wollte ich deine Söhne sammeln.'» ‚Wie oft wollte ich!' ... Er lügt nicht.«
> (*Origenes*, Homilien zu Jesaja 1,5)

In die Gegenwart gesprochen

Es wäre nun aber falsch, die Auslegung der Kirchenväter auf eine Deutung des Alten Testaments vom Neuen her zu beschränken, so daß das eine geschichtliche Vorausbilder für das andere liefert. Damit wäre unser Glaube ganz auf vergangene Geschichte verwiesen. Denn auch das Christusereignis ist vom Standpunkt der heute lebenden Christen aus gesehen ein Ereignis in der Vergangenheit. Die Bibel wäre dann eine Sammlung von Büchern, von denen die älteren (= das Alte Testament) Ereignisse, die in den jüngeren (= dem Neuen Testament) stehen, vorwegnehmen. Was aber nützte es uns, wenn wir wüßten, daß man vor 2500 Jahren ein Geschehen angekündigt hat, das vor 2000 Jahren eintraf? Wir könnten über die Allmacht und Allwissenheit Gottes staunen, aber es beträfe unser eigenes Leben kaum.

Christologische Schriftauslegung ist immer existentielle Auslegung, d.h. sie betrifft den konkreten Lebensvollzug des Menschen hier und heute. Es geht nicht darum, künstlich alttestamentliche Aussagen als prophetische Verkündigung auf den historischen Jesus von Nazaret zu beziehen, sondern es geht darum, in der Gegenwart Christus zu begegnen. Das ist nur möglich, weil Christus nicht tot ist, sondern lebt; er lebt als der Erhöhte beim Vater, er lebt aber auch in den Gläubigen, die sein Leib sind (vgl. 1 Kor 6,15; 12,12).

Der Hörer oder Leser der Schrift soll darum die biblische Botschaft aufnehmen im Wissen, daß Christus zugegen ist und ihn persönlich anspricht. Im Hören auf die Schrift entsteht eine Gleichzeitigkeit mit Mose, den Propheten und den Aposteln, wir hören nicht vergangene Worte an andere, sondern das aktuelle Wort Christi an uns. Aus der Zeit der Kirchenväter kennen wir berühmte Bekehrungen (z.B. der heilige Antonius), bei denen ein Mensch das Bibelwort als an ihn gerichtetes aktuelles Gotteswort erkennt. Die heutige Kirche bezeugt diesen Glauben, wenn sie die Lesung biblischer Texte mit dem Ruf ‚Wort des lebendigen Gottes' beschließt. Auch dieser Ruf ist nicht als ‚Wort, das der lebendige Gott vor langer Zeit gesprochen hat' zu interpretieren, sondern als ‚Wort, das jetzt und hier an die Zuhörer ergeht und sie unmittelbar einfordert'.

Aufgabe der Schriftauslegung ist es, bei jedem Text zu fragen, wie Christus sich in ihm äußert. Texte können ermahnendes Wort an uns sein, sie können belehrendes Wort über Christus und sein Heilswerk sein, sie können Wort des leidenden oder auch des erhöhten Christus sein, sie können Wort der noch in Leid und Sünde verstrickten Glieder am Leib Christi sein oder Wort des Hauptes an diese Glieder.

Das bedeutet, daß das in der Vergangenheit ergangene Wort als jetzt in der Gegenwart gesprochen gelten kann. Diese Überzeugung betrifft nicht nur die ethischen Vorschriften der Bibel, sondern auch Geschichtserzählungen und Prophetenworte. Der geschichtliche Horizont des Wortes tritt zurück vor dem Heute Gottes, die Schrift betrifft den Menschen, der sie aufnimmt, ganz neu und aktuell. Er partizipiert nicht an den Erfahrungen der Vergangenheit, sondern hört Gottes Stimme hier und jetzt. Das Pauluswort: »Um unseretwillen wurde es aufgeschrieben« (1 Kor 10,11) und: »Alles, was einst geschrieben worden ist, ist zu unserer Belehrung geschrieben, damit wir durch Geduld und durch den Trost der Schrift Hoffnung haben« (Röm 15,4), sind in der Patristik sehr häufig zitierte Texte.

Voraussetzung für das existentielle Hören der Schrift ist nach den Vätern, besonders nach Augustinus, die Zugehörigkeit zum Leib Christi. Nur wer zu diesem Leib gehört, wer in der Gemeinschaft der Kirche lebt, wer Christus nachfolgt, kann die Schrift wirklich verstehen. Für einen solchen Menschen hat jedes Wort der Schrift Bedeutung, denn bei jedem Wort stellt sich die Frage, was Gott ihm damit sagen will.

Glaube als Voraussetzung für das Verständnis der Bibel

Die moderne Hermeneutik hat gezeigt, daß ein voraussetzungsloses Herangehen an Texte, das noch das 19. Jh. als Ideal postulierte, weder möglich noch wünschenswert ist. Allerdings gibt es für jede Art von Texten Formen des Vorverständnisses, die den Zugang erschweren oder ganz verbauen, und solche, die der Sache angemessen sind.

Das Vorverständnis, das der Bibel als Wort Gottes entspricht, ist in der Sicht der Kirchenväter der Glaube an diesen Gott. Damit soll nicht gesagt sein, daß der Glaube Voraussetzung für jede Art von Textverständnis ist. Die Bibel als Menschenwort kann auch ohne Glauben mit sprachwissenschaftlichen Mitteln erforscht werden. Hierzu sind wie bei jedem anderen Text Offenheit, intellektuelle Redlichkeit und Genauigkeit der Forschung zu fordern. Will man aber den göttlichen Gehalt der Bibel erfassen und ihre christologische Dimension herausarbeiten, so geht das nicht ohne Beziehung zu dem in ihr sprechenden Gott.

Glaube hat eine existentielle und eine inhaltliche Dimension. Existentiell ist er die personale Beziehung zu Christus, die auf der Überzeugung beruht, daß Christus lebt. Insofern ist Ostern der entscheidende Zugang zur Schrift: »Bevor nämlich der Erlöser einen menschlichen Leib annahm und sich, indem er die Gestalt eines Sklaven annahm, erniedrigte, waren das Gesetz und die Propheten und jegliche Einsicht in die Schrift verschlossen, verschlossen war auch das Paradies. Nachdem er aber am Kreuz gehangen und zum Verbrecher gesprochen hatte: ‚Heute wirst du mit mir im Paradies sein' (Lk 23,43), zerriß sofort der Vorhang des Tempels und alles wurde geöffnet« (*Hieronymus*, Kommentar zum Propheten Ezechiel 44,1-3).

Die Gabe des Auferstandenen an seine Jünger besteht darin, daß er ihnen die Schrift erschließt (vgl. Lk 24; Joh 3; 20). Diese Gabe des Schriftverständnisses ist nicht verschieden von der Gabe des Heiligen Geistes. Christus sendet uns nach seiner Himmelfahrt den Geist genau dazu, damit wir sein Heilswirken im Alten und Neuen Testament umfassend verstehen. Das bedeutet umgekehrt, daß nur der Glaubende den Inhalt der Heiligen Schrift wirklich verstehen kann. Nur er kann ‚Geistiges mit Geistigem vergleichen' oder, anders übersetzt, »Geistlichen das Geistige auslegen« (1 Kor 2,13), d.h. in der Deutung der Väter, nur er kann Altes Testament und Neues Testament aufeinander beziehen, nur er kann verstehen, was das irdische Wirken Jesu seinem eigenen Leben und dem der heutigen Kirche zu sagen hat, da er sie im selben Geist liest, in dem sie verfaßt wurden.

Der Glaube macht die Schrift zu einem Ort der Gotteserfahrung; in ihr begegnen wir Christus, dem lebendigen Wort Gottes, jeden Tag neu. ‚Erfahrung' bringt in diesem Zusammenhang zum Ausdruck, daß es nicht nur um ein intellektuelles Erfassen von Inhalten geht, sondern um das liebende Hören auf eine Person, die real gegenwärtig ist.

Für jede Beschäftigung mit der Bibel ist Ehrfurcht und Anerkennung ihrer Einzigartigkeit eine wichtige Voraussetzung zum Verständnis. Vor der Offenbarung des dreifaltigen Gottes muß der Mensch erst einmal schweigen. Er muß hören, zu verstehen suchen und für alles Verstandene danken. Wenn er nicht versteht, muß er davon ausgehen, daß nicht die Verworrenheit des Wortes Gottes schuld ist, sondern seine eigene Sünde und vor allem sein Unglaube. »Wenn du einmal beim Lesen der Schrift in durchaus guter Absicht ‚am Stein des Anstoßes und am Felsen des Ärgernisses' anstoßen solltest, so klage dich selbst an. Verzweifle allerdings nicht daran, daß dieser Stein des Anstoßes und der Fels des Ärgernisses solche Gedanken enthalten, daß sich das Wort zu erfüllen vermag: ‚Und wer glaubt, wird nicht zuschanden werden.' Glaube zuerst, dann wirst du aus dem vermeintlichen Ärgernis viel... Nutzen ziehen können.« (*Origenes*, Homilie zu Jeremia 39, Fragment)

Die Kirchenväter verstehen die Auslegung der Schrift nicht primär als Produkt richtig angewandter Methodik, sondern als ein Geschenk des sich offenbarenden Gottes, der seine Heilsmysterien dem suchenden Menschen enthüllt. Dieses Geschenk kann der Mensch nicht aus eigener Kraft erlangen, er muß es von Gott erbitten.

> **Glaube als Zugang zur Bibel**
>
> »Um das Schriftwort wirklich zu erfassen, muß man in Wahrheit sagen können: ‚Wir aber haben den Geist Christi, damit wir erkennen, was uns von Gott geschenkt worden ist' (1 Kor 2,16.12).«
> (*Origenes*, Kommentar zum Johannesevangelium 1,4)
>
> »Gewähre mir die Spanne Zeit, mich betrachtend in die Tiefen Deines Gesetzes zu versenken, und halte es denen, die da anklopfen, nicht verschlossen! (vgl. Mt 7,7f) Denn nicht umsonst hast Du gewollt, daß auf so vielen Blättern dunkle Geheimnisse aufgezeichnet würden. Diese Wälder – haben nicht auch sie ihre Hirsche, die sich dort zurückziehen, sich erquicken, sich ergehen und äsen, sich legen und wiederkäuen? (vgl. Ps 28,9). O Herr, vollende mein Tun und lichte sie mir, diese Wälder! Sieh doch, Deine Stimme ist meine Freude, Dein Wort mir köstlicher als strömende Fülle der Lüste. Gib mir, was ich liebe.«
> (*Augustinus*, Bekenntnisse, 11,2,3)

3.2 Wege der Schriftauslegung

Die Schrift durch die Schrift erklären

Während für Jesus und seine Jünger und für die neutestamentlichen Schriftsteller das Alte Testament die theologische Basis war, von der aus sie das Christusgeschehen zu verstehen suchten, ändert sich die Perspektive im 2. Jh., als das Neue Testament vorliegt und es mehr und mehr selbst zum hermeneutischen Ausgangspunkt wird. Von ihm aus werden die alttestamentlichen Schriften einer erneuten Lesung unterzogen, die wesentlich darin besteht, daß man versucht, sie ganz und in allen Einzelheiten von Christus her zu verstehen. Damit bildet sich eine christliche Deutung des Alten Testaments, die von den Juden nicht mehr nachvollzogen werden kann.

Es wäre allerdings falsch, die beiden möglichen Formen des Zueinander von Altem und Neuem Testament zu scharf auf ein Entweder-Oder festzulegen. Auch in der nachapostolischen Zeit der Kirchenväter findet man beide Leserichtungen und das Wissen darum, daß einerseits das Neue Testament das Alte beleuchtet, andererseits aber auch das Neue zu seinem Verständnis auf das Alte angewiesen ist. Das Alte Testament muß zumindest in seinen wesentlichen Teilen aufgenommen werden, denn nur wer das Alte Testament kennt, kann das Neue Testament verstehen. In der alten Kirche erfolgte dieser Durchgang durch das Alte Testament während der Vorbereitungszeit auf die Taufe; neu ins Gedächtnis gerufen wurde er jedes Jahr in der Osternacht, die in manchen liturgischen Ordnungen bis zu zwölf alttestamentliche Lesungen hatte. Nachdem man das Alte Testament wirklich kannte, wurde es dann vom Neues Testament her ein zweites Mal gelesen, nun unter der Voraussetzung, daß es von Gott her gesehen immer schon von Christus spricht.

Dieser christologische Sinn der Schrift liegt allerdings nicht in allen Fällen auf der Hand, sehr oft erschließt er sich nach Ansicht der Kirchenväter erst im Vergleich mit anderen Texten. Daher ist es eine bleibende Aufgabe der Theologie, die Bibel zu erforschen. Augustinus vergleicht in seinen Bekenntnissen die Bibel mit einem dunklen Wald, den Gott ihm lichten muß, damit er finden kann, was er sucht (vgl. *Augustinus,* Bekenntnisse 11,2,3). So wird durch das Wissen, daß es immer Christus ist, der uns in der Schrift begegnet, die theologische Forschung keineswegs überflüssig – da man ja immer schon weiß, wen man findet –, sondern im Gegenteil intensiviert, weil es sich jetzt um das immer tiefere Kennenlernen dessen handelt, der für das Leben des Christen Ursprung und Ziel ist.

Die Kirchenväter übernehmen den antiken Grundsatz, daß Gleiches durch Gleiches zu erklären ist (,Homer durch Homer erklären') und wenden ihn auf die Bibel an: ,Die Schrift ist durch die Schrift zu erklären'. Dies ist aus ihrer Überzeugung von der Einheit der Bibel verständlich. Daher erklären sie Bibeltexte durch Verweis auf andere und bringen verschiedene Texte im Sinn von Frage und

Antwort miteinander ins Gespräch, unabhängig davon, ob die Texte nachweisbar historisch miteinander in Beziehung stehen. Das bedeutet konkret, daß alttestamentliche Texte zur Erklärung neutestamentlicher herangezogen werden können und neutestamentliche zur Erklärung alttestamentlicher. Ziel ist es, die Aussageabsicht jedes Einzeltextes von der ganzen Bibel her zu verstehen. Allerdings hat das Neue Testament für die Auslegung des Alten Testaments die Funktion eines maßgebenden Kommentars. Wenn daher in Mt 1,23 das Wort Jes 7,14 zitiert wird oder wenn Paulus in 2 Kor 3,4-18 eine Deutung von Ex 34,29-35 gibt, dann ist nach Ansicht der Kirchenväter diese Deutung für die Kirche bindend, weil sie selbst inspiriertes Wort Gottes ist.

Vor allem muß die Schrift sehr genau und immer wieder gelesen werden. Sie erschließt sich nur dem, der sich intensiv mit ihr beschäftigt. Diese dauernde Beschäftigung ist keine intellektuelle Spielerei, sondern von der Sache her gefordertes Muß. Wenn Gott die Schrift gibt, um sich selbst und seinen Willen mit ihr zu offenbaren, dann geht dem Menschen mit jedem Wort der Schrift, das er nicht versteht und das ihm keinen Kontakt mit Gott eröffnet, etwas von seinem Heil verloren, nämlich genau das, was Gott ihm (bzw. auch der ganzen Kirche) mit diesem bestimmten Wort Heilsnotwendiges sagen wollte.

Die Kirchenväter versuchen immer wieder, schwierige Texte der Bibel durch Vergleich mit anderen, die einfacher sind und deren Sinn auf der Hand liegt, zu erhellen. Dabei sind alle kanonischen Bücher des Alten und Neuen Testaments zu berücksichtigen. Eigenarten der menschlichen Verfasser, die es in unseren Augen nicht ohne weiteres möglich machen, beispielsweise das Deuteronomium und das Johannesevangelium in unmittelbare Beziehung zu setzen, spielen für die Kirchenväter keine so große Rolle, bzw. sie treten zurück vor der die menschlichen Dinge umgreifenden Urheberschaft Gottes.

Wo sich Widersprüche oder schwer miteinander Vereinbares in der Schrift findet, geht das Bemühen der patristischen Exegese dahin zu zeigen, daß diese Widersprüche nur scheinbar sind und mehr im menschlichen Unverständnis und Nicht-sehen-Wollen liegen als in der Schrift selber oder in Gott, ihrem Urheber. Der Glaubende, der davon ausgeht, in der Schrift Gottes Wort zu hören, muß nach Ansicht der Väter seine ganze Intelligenz einsetzen, um dieses Wort zu verstehen. Er muß alle Methoden menschlicher Wissenschaft einsetzen und doch gleichzeitig um die Grenzen menschlicher Anstrengung wissen. Aus der Prämisse ‚die Schrift stammt von Gott, sie ist Wort Gottes' ergibt sich als Konsequenz, daß jedes Wort der Heiligen Schrift eine unendliche Bedeutung hat und nie ausgeschöpft werden kann. Derselbe Text, den der Leser heute meint verstanden zu haben, spricht morgen wieder ganz neu zu ihm, und er muß neu darum ringen, ihn zu verstehen.»Denn Gottes Wort ist lebendig, kraftvoll und schärfer als jedes zweischneidige Schwert.« (Hebr 4,12)

Oft zitierte neutestamentliche Texte

Joh 5,39-46	»Ihr erforscht die Schriften, in denen ihr meint, das ewige Leben zu haben; diese sind es, die über mich Zeugnis ablegen. Und ihr wollt nicht zu mir kommen, damit ihr das Leben habt... Wenn ihr nämlich Mose glaubtet, würdet ihr auch mir glauben, denn von mir hat jener geschrieben.«
Röm 15,4	»Alles, was geschrieben worden ist, ist zu unserer Belehrung geschrieben.«
1 Kor 10,4	»Der Fels aber war Christus.«
1 Kor 10,11	»Um unseretwillen wurde es aufgeschrieben.«
2 Kor 3,6	»Der Buchstabe tötet, der Geist aber macht lebendig.«
Hebr 4,12	»Denn Gottes Wort ist lebendig, kraftvoll und schärfer als jedes zweischneidige Schwert.«

Genaue Textanalyse

Die Kirchenväter bemühen sich in ihrer Schriftauslegung um eine genaue Analyse des auszulegenden Textes. Besonders Origenes und Hieronymus widmeten dieser Seite ihrer Arbeit viel Zeit. Von Origenes wissen wir, daß er als textkritische Vorarbeit für die Exegese alle ihm bekannten Bibeltexte (Hebräisch, Hebräisch in griechischer Umschrift, verschiedene griechische Versionen) in Reihen nebeneinander schrieb, um auf diese Art und Weise den besten Text zu ermitteln.

Bei schwierigen und unverständlichen Worten in der Bibel wurde sorgfältig nach der Verwendungsweise des Begriffes an anderen Stellen gesucht, um so durch den innerbiblischen Vergleich zu einer Klärung zu kommen. Zu zahlreichen Büchern der Bibel sind sogenannte »Quaestiones« erhalten, Werke, in denen der Leser keinen vollständigen Kommentar findet, sondern Notizen zu schwierigen Stellen und mögliche Lösungsansätze.

Zu dem gleichen Zweck erstellten die patristischen Theologen Wörterbücher der verschiedensten Art. So gibt es etymologische Wörterbücher, die die Bedeutung der Namen von Personen und Orten angeben, und Reallexika, die erklären, wo Orte zu lokalisieren sind und welches Tier oder welche Pflanze mit einem biblischen Begriff gemeint ist.

Nach der textkritischen Arbeit und der Erforschung der Bedeutung der Begriffe und Sachen in der Bibel nehmen die Kirchenväter das Ganze des Textes in den Blick. So wird von ihnen gefordert, den ‚Skopus' eines Textes, d.h. die mit ihm verbundene Absicht zu erforschen. Worauf zielt der Text? Was will Gott mit ihm sagen? Wohin soll der Hörer oder Leser geführt werden? Dies zu erkennen ist nur möglich, wenn man sich sorgfältig fragt, wer der Sprecher des Textes ist bzw. an wen er gerichtet ist. Auch wenn die Bibel als Wort Gottes verstanden wird, so ist dieses Wort dennoch nicht ein endloser Monolog. Besonders bei dichterischen Texten wie z.B. prophetischer Rede, dem Hohenlied oder auch den Psalmen ist der Sinn nur zu verstehen, wenn man an jeder Stelle den Sprecher ermittelt. So gibt es, wie die Väter wohl wahrnehmen, in der Bibel Texte, die direkte Rede Gottes an den Menschen sind, Texte, in denen Menschen sich an Gott wenden, Texte, die Wort Christi an den Vater sind usw. Die sprechenden Personen der Bibel falsch zu deuten, führt nach Ansicht der Väter zu verhängnisvollen Mißverständnissen.

Weiter ist die ‚Akolouthia', die logische Folge der Gedanken und der Gesamtzusammenhang des Textes zu beachten. Die Väter gehen grundsätzlich weniger als die moderne Exegese davon aus, daß der

Zusammenhang gestört sein könnte, sondern setzen ihn im Gegenteil voraus. Sie sehen es als ihre Aufgabe an, jede Einzelinformation des Textes in diesen Zusammenhang einzuordnen oder auf ihn zu beziehen. Als Zusammenhang ist hier einerseits die Abfolge der Gedanken innerhalb eines bestimmten abgrenzbaren Textes zu verstehen, dann aber auch das Ganze der Bibel und sogar das Verständnis von biblischen Texten im Gesamt des christlichen Glaubens. Wenn eine Aussage der Bibel unwahrscheinlich, unlogisch oder nicht einzuordnen erscheint, so kann das nach Ansicht der Väter nicht daran liegen, daß Gott mit dieser Stelle nichts zu sagen hat oder sich selbst widerspricht, sondern daran, daß der Ausleger es (noch) nicht versteht. »Ich bin, im Falle mir eine Schriftstelle vorgelegt würde... von welcher man annehmen möchte, daß sie einer anderen widerspricht, durchaus überzeugt, daß keine Schriftstelle mit einer anderen im Widerspruch steht. In diesem Falle werde ich lieber behaupten, die Worte nicht zu verstehen.« (*Justin*, Dialog mit dem Juden Tryphon 65,2)

Die Kirchenväter gehen bei schwierigen Texten davon aus, daß diese Schwierigkeiten einerseits auf Mängel des menschlichen Erkenntnisvermögens zurückzuführen sind, andererseits aber nicht nur negativ zu sehen sind, da sie auch ein pädagogisches Mittel Gottes sind, der diese Schwierigkeiten gewollt hat, um den Menschen zu zwingen, tiefer zu bohren und sich nicht mit einem vordergründigen Verständnis zufriedenzugeben.

Schriftforschung

»Herr, wer könnte mit seinem Geist auch nur eines von deinen Worten ganz verstehen? Mehr, als wir erfassen, bleibt unverstanden. Wir sind wie Dürstende, die an einer Quelle trinken. Das Wort Gottes hat viele Seiten, die es den Lernenden je nach ihrer Auffassungsgabe darbietet. Gott hat seinem Wort viele Farben gegeben, wer auch immer lernt, soll an ihm etwas sehen können, was ihn anspricht. Gott hat in seinem Wort Schätze von vielerlei Art niedergelegt; jeder von uns, der sich darum müht, soll daraus reich werden können... Was du infolge deiner Unzulänglichkeit in dieser Stunde nicht erlangen kannst, bekommst du in einer anderen. Du mußt nur durchhalten. Versuche nicht ungeduldig mit einem einzigen Schluck zu nehmen, was man nicht auf einmal schlucken kann. Aber höre auch nicht aus Feigheit auf, von dem zu nehmen, was du nur nach und nach empfangen kannst.«

(*Ephräm der Syrer*, Diatessaron 1,18-19)

»Wenn ich die Schwierigkeiten erwäge, die es bereitet, den Sinn in den hier vorliegenden Schriftworten aufzuspüren, erfahre ich offenbar etwas Ähnliches wie derjenige, der beim Aufspüren des Jagdwildes den scharfen Geruchssinn eines Hundes zu Hilfe nimmt; da kommt es gelegentlich vor, daß der Jäger, gespannt den Spuren folgend, sich schon nahe am verborgenen Lager glaubt. Dann aber lassen ihn plötzlich die wegweisenden Spuren im Stich. Er treibt den Hund zu sorgfältigerem Schnüffeln an und geht denselben Weg zurück, den er gekommen ist, bis er die Stelle findet, wo das Wild, Haken schlagend, unmerklich eine andere Richtung eingeschlagen hat. Wenn der Jäger diese Stelle gefunden hat, geht er munter weiter, da er sicher und voll Hoffnung auf die Beute ist und die klare Spur ihn bestärkt. So machen auch wir es: Wenn sich die Spuren der begonnenen Erklärung gewissermaßen verwischen, gehen wir ein wenig zurück und verfolgen entschiedener als vorher den Gang der Erklärung in der Hoffnung, daß der Herr, unser Gott, uns die Jagdbeute in die Hände treibt.«

(*Origenes*, Kommentar zum Hohenlied 3)

Vielfältige Sinnschichten wahrnehmen

Die Bibel enthält nach der Überzeugung der Kirchenväter eine unendliche Sinnfülle. Dieser überquellende Sinn, der in dieser Form nur der Bibel eigen ist, liegt in der Unendlichkeit und Erhabenheit Gottes begründet: Wenn Gott spricht, dann ist sein Wort so reich, daß es jedem Menschen und allen Zeiten Einsicht schenkt.

Gott hat sein Wort, damit der Mensch es verstehen kann, in menschlicher Sprache geoffenbart. Die Bibel ist daher immer und in jedem ihrer Texte beides: ganz menschliches Wort und ganz göttliches Wort. Wie Jesus Christus wahrer Gott und wahrer Mensch zugleich ist und man beides weder trennen noch vermischen darf, so nimmt auch die Bibel, in der er uns als Wort begegnet, teil an seiner gottmenschlichen Struktur. Auch in ihr darf man weder den wörtlichen noch den geistlichen Sinn (die der menschlichen und der göttlichen Natur in Jesus Christus entsprechen) leugnen oder vernachlässigen.

Der Leser der Bibel nimmt zuerst den wörtlichen Sinn wahr, der die menschliche Seite der Schrift ist. So ist es möglich, das, was der menschliche Autor eines Textes intendiert hat, von dem abzuheben, was Gott dem Menschen sagen will und was zwar einerseits im Wort des menschlichen Autors liegt, andererseits aber dessen begrenztes Wissen übersteigt. Der wörtliche (geschichtliche) Sinn umfaßt all das, was der ursprüngliche Verfasser gemeint hat, was er an geschichtlichen Tatsachen, theologischen Einsichten und hymnischen Texten mitteilen wollte. Dieser wörtliche Sinn ist der Erforschung mit wissenschaftlichen Mitteln zugänglich.

Die wörtliche bzw. geschichtliche Aussage der Bibel zu verstehen, ist für die Kirchenväter nicht genug, aber sie leugnen sie in der Regel auch nicht. Während man vor allem den Theologen der sogenannten alexandrinischen Schule (Klemens, Origenes) lange Zeit eine Verachtung des geschichtlichen Sinns zugunsten eines geistlichen Sinns vorwarf, sieht man heute klarer, daß es eher um eine Wertung als um ein Entweder-Oder geht. Der geschichtliche Sinn ist noch nicht alles, was Gott dem Menschen sagen will, nur ihn zu sehen, ist zu wenig, aber er ist dennoch wahr. Die in der Bibel tradierten Erzählungen sind bis auf wenige Ausnahmen nach patristischer Auffassung geschichtlich wahr. Nicht wirklich passiert sind nach Ansicht mancher Kirchenväter Teile der Urgeschichte, sie sind historisch unwahr und zwingen so den Hörer, sich ganz auf den geistigen Sinn zu konzentrieren. Heutige Wissenschaft würde hier nicht mehr von historischer Unwahrheit sprechen, da sie deutlicher erkennt, daß diese Texte von vornherein keine Geschichtserzählungen sein wollen. Vergleicht man das, was die Kirchenväter, und das, was moderne Wissenschaft für historisch tatsächlich passiert halten, so muß man sagen, daß die Kirchenväter einen sehr viel größeren Teil der Bibel als wortwörtlich wahr annehmen, als es moderne Exegeten tun.

Der geistige Sinn ist der Sinn, den Gott mitteilen will. Die Theologen der frühchristlichen Zeit sprechen auch von dem ‚mystischen Sinn' oder dem ‚Mysterium', in dem Gott sich selbst offenbart. So ist z.B. die Rede vom ‚Mysterium der Beschneidung' oder auch vom ‚Mysterium des dritten Tages'. Damit soll zum Ausdruck gebracht werden, daß hinter einer rituellen Vorschrift oder einer Zeitangabe in der Bibel eine göttliche Wahrheit verborgen ist, die sich vom Ganzen der Bibel her erschließt. Der geistige oder mystische Sinn widerspricht dem wörtlichen Sinn in der Regel nicht, sondern benutzt ihn für eine tiefere Aussage. Voraussetzung für die Wahrnehmung des geistigen Sinns ist der Glaube, daß die Schrift Wort Gottes ist und daß Gott immer mehr wirkt, als nur historische Tatsachen mitzuteilen. Er offenbart sich selbst dem Menschen und geht so eine Beziehung mit ihm ein.

Für das Gemeinte gibt es einen bekannten Merkvers, der der Sache nach alt ist, der Form nach allerdings erst aus dem 13. Jh. stammt:

»Littera gesta docet, quid credas allegoria
moralis quid agas, quo tendas anagogia.«

Entsprechend diesem Merkvers gibt es einen wörtlichen Sinn, der uns lehrt, was geschehen ist und was ein geschichtlicher Autor intendiert hat. Der geistige Sinn kommt in dreifacher Ausprägung vor. Gott vertieft unseren Glauben (allegorischer Sinn), er sagt uns, was wir tun sollen (moralischer Sinn), und er schenkt uns Hoffnung durch seine Verheißungen (anagogischer Sinn). Die drei Formen des geistigen Schriftsinnes werden von den Vätern nicht immer eigens benannt, auch ist es nicht Aufgabe des Auslegers, an jeder Stelle der Schrift alle Sinnebenen zu erheben; das wäre in vielen Fällen eher gewaltsam. Wohl aber muß dem Ausleger nach patristischem Verständnis immer bewußt bleiben, daß es der lebendige Gott ist, der in der Bibel spricht, und daß daher die Bibel neben einer Vergangenheitsdimension, die der wörtliche Sinn aufzeigt, auch eine Gegenwarts- und Zukunftsdimension hat.

Ein gewisses Problem liegt nun darin, daß es in der Zeit der Kirchenväter keine einheitliche Bezeichnung der Schriftsinne gibt und sich daher verschiedene Einteilungen finden. So unterscheidet z.B. Origenes in Analogie zur Einteilung des Menschen in Leib, Seele und Geist eine geschichtliche, moralische und mystische Weise des

Verstehens, indem er Allegorie und Anagogie zusammenfaßt. Der geschichtliche Sinn enthält für ihn immer etwas tatsächlich Geschehenes oder befiehlt etwas wörtlich zu Befolgendes, jede Form von Metaphorik rechnet er dem geistigen Schriftsinn zu, auch wenn man davon ausgehen kann, daß der ursprüngliche Autor sie bewußt eingesetzt hat. Dies entspricht nicht dem heutigen Verständnis, nach dem metaphorische Aussagen (z.B. Gleichnisse und ihre Auslegung) durchaus zum wörtlichen Sinn gehören. Es ist daher sehr wichtig, bei der Lektüre der Kirchenväter immer genau darauf zu achten, was mit den verschiedenen Sinnen gemeint ist und worauf sie sich beziehen.

Schriftsinne

»Wir haben schon oft gesagt, daß man in den heiligen Schriften eine dreifache Art des Verständnisses findet: geschichtlich, moralisch und mystisch. Daher verstehen wir auch, daß es in ihr einen Leib, eine Seele und einen Geist gibt.«
(*Origenes*, Homilien zum Buch Levitikus 5,5)

»Alles dieses haben wir gesagt, um zu zeigen, daß die göttliche Kraft, die uns die heiligen Schriften schenkt, nicht das Ziel verfolgt, wir sollten allein das vom Wortlaut Dargebotene aufnehmen; denn dies ist zuweilen im Wortsinn nicht wahr, sondern sogar unvernünftig und unmöglich. (Weiter wollen wir zeigen,) daß in die wirkliche Geschichte und die im Wortsinn nützliche Gesetzgebung einiges andere hineingewoben ist. Doch soll niemand annehmen, wir sagten dies ganz allgemein, es habe sich gar keine Geschichte (in der Schrift) zugetragen, weil sich manche nicht zugetragen hat, und man habe gar kein Gesetz wörtlich zu befolgen, weil manches Gesetz im Wortlaut unvernünftig oder unmöglich ist, oder die Aufzeichnungen über den Erlöser seien als sinnliche Wirklichkeit nicht wahr oder keines seiner Gesetze oder Gebote sei zu befolgen. Deshalb muß gesagt werden, daß uns in manchen Fällen die Wahrheit der geschichtlichen Erzählungen klar vor Augen tritt, z.B. daß Abraham, Isaak und Jakob in der doppelten Höhle zu

> Hebron begraben wurden, dazu je eine ihrer Frauen (vgl. Gen 23,2.9.19; 25,9f; 49,29-32; 50,13), daß Sichem dem Josef zugeteilt wurde (vgl. Gen 48,22; Jos 24,32) und Jerusalem die Metropole Judäas ist (vgl. Jes 11,26 LXX), in der Salomo einen Tempel Gottes errichtete (vgl. 1 Kön 6), und unzähliges andere. Denn die geschichtlich wahren Stellen sind viel zahlreicher als die hineingewobenen rein geistlichen Stellen.«
> (*Origenes*, Vier Bücher von den Prinzipien 4,3,4)

4. Das Buch Genesis bei den Kirchenvätern

Die Kirchenväter zitieren das Buch Genesis häufig und beschäftigen sich mit den in ihm vorkommenden Gestalten. Allerdings fehlen aus dieser Zeit vollständige Genesiskommentare, es gibt vor allem Homilien (z.B. von Origenes), Traktate über die einzelnen Patriarchen und ihre Bedeutung (z.B. von Ambrosius) und längere oder kürzere Ausführungen zur Genesis in Schriften, deren Thema eigentlich ein anderes ist (z.B. bei Irenäus). Daneben gibt es Werke, die sich mit einzelnen Fragen oder Problemen beschäftigen, die sich aus dem Buch Genesis ergeben, und diese kurz beantworten (z.B. von Augustinus und Hieronymus).

Großes Interesse fand in patristischer Zeit der Schöpfungsbericht und der Bau der Arche Noach. Zu beiden Texten findet man lange Ausführungen, so befaßt sich Augustinus in den zwölf Büchern seines unvollendeten Genesiskommentars ausschließlich mit Gen 1 – 3. Ähnlich breit angelegt ist die Schrift des Ambrosius zum Sechstagewerk. In Werken dieser Art finden philosophische und naturwissenschaftliche Probleme, aber auch die Frage nach der Bedeutung von Maßen und Zahlen großes Interesse. Dabei gehen die Väter in ihrer Behandlung dieser Themen oft weit über den eigentlichen Bibeltext hinaus.

Im vorliegenden Band soll das patristische Verständnis von Gen 12 – 50 vorgestellt werden, also derjenigen Kapitel des Buches, in denen es um die Patriarchen Israels geht. Diese Einschränkung ist insofern von der Bibel her berechtigt, als tatsächlich in Gen 12 ein wesentlicher Einschnitt im Text vorliegt. Während in der Urgeschichte, die in Gen 1 – 11 vorliegt, die vorhistorischen Anfänge der

Menschheit als ein Drama ständig anwachsender Schuld erzählt werden, wird in Gen 12 mit Abraham ein Neuanfang gesetzt. Mit ihm beginnt wirkliche Geschichte. Gott handelt und erwartet die Antwort des Menschen.

Auch zu Gen 12 – 50 konnte nur ein kleiner Teil der vorhandenen patristischen Texte in dieses Buch aufgenommen werden. Für die Auswahl war ausschlaggebend, daß längere zusammenhängende Texte, die einen Eindruck von der Arbeitsweise der Väter vermitteln, sinnvoller erschienen als ein Mosaik aus Einzelsätzen. Außerdem sollten sich die Texte wirklich mit der Bibel beschäftigten und nicht thematische Abhandlungen sein, wie z.B. die Werke des Ambrosius von Mailand über die Patriarchen.

Neutestamentliche Grundlagen

Da die Kirchenväter zur Erklärung des Alten Testaments immer vom Neuen Testament ausgehen, erscheint es sinnvoll, zunächst kurz zu fragen, welche Rolle die Patriarchen Israels im Neuen Testament spielen.

Zunächst fällt auf, daß Abraham für die neutestamentlichen Theologen die entscheidende Gestalt der alttestamentlichen Heilsgeschichte ist. Das hängt wohl damit zusammen, daß man in ihm das Heil für alle Völker (vermittelt durch Israel) angekündigt sah, während der Sinaibund, der durch Mose gegeben war, nur für die Juden Heil schenkte. Die Frage, die sich für die frühe Kirche stellte, lautete daher: Wer gehört zum Bund Gottes mit Abraham und darf an den aus diesem Bund resultierenden Verheißungen teilhaben?

Nachkomme Abrahams zu sein ist nicht nur für das Alte Testament, sondern auch für das Neue Testament eine hohe Würde und Voraussetzung für die göttliche Erwählung. Folgerichtig beginnt der Stammbaum Jesu Christi im Matthäusevangelium mit Abraham (vgl. Mt 1). Auch Paulus verweist voll Stolz auf seine Abstammung von Abraham (vgl. Röm 11,1; 2 Kor 11,22).

Die Abrahamskindschaft wird für das Neue Testament in dem Moment zu einem Problem, wenn sich zeigt, daß sie den Menschen dazu verführen kann, seine Heilszuversicht ganz auf ein äußeres Faktum, nämlich die Zugehörigkeit zum jüdischen Volk und das damit verbundene Zeichen der Beschneidung zu setzen und von dieser Position aus Jesus und seine Botschaft zu verwerfen (vgl. bes. Joh 8).

Man findet im Neuen Testament die Überlegung, daß die Vaterschaft Abrahams nicht an die leibliche Abstammung gebunden sein kann. Abraham erhielt die Verheißung, daß durch ihn alle Völker Segen erlangen sollten (vgl. Gal 3,8) und daß er und seine Nachkommenschaft Erbe der ganzen Welt sein würden (Röm 4,13). Das bedeutet, daß der abrahamitische Segen von vornherein universal gemeint war, auch wenn diese Universalität erst mit Christus zum Durchbruch kam: »Jesus Christus hat uns freigekauft, damit den Heiden durch ihn der Segen Abrahams zuteil wird und wir so aufgrund des Glaubens den verheißenen Geist empfangen« (Gal 3,14). Die Abrahamskindschaft ist an den Glauben geknüpft. Nicht leibliche Abstammung ist entscheidend, sondern die Verheißung Gottes und die menschliche Antwort des sich hingebenden Vertrauens. Bewiesen wird das aus der Tatsache, daß schon im Buch Genesis von leiblichen Kindern Abrahams die Rede ist, die dennoch nicht Erben der Verheißung sind; Erbe ist nur der gegen alle natürliche Erwartung gezeugte Sohn Isaak (vgl. Gal 4,28-31). Ähnlich kann Gott zu jeder Zeit »aus Steinen Kinder Abrahams erwecken« (Mt 3,9 par), ein Pochen auf leibliche Abstammung ohne entsprechendes Verhalten ist sinnlos (vgl. Joh 8). Auch das Gesetz des Mose kann im Hinblick auf Abraham relativiert werden. Gott schloß den Bund mit ihm zu einer Zeit, als er noch nicht beschnitten war, und er war gerecht vor Gott, ohne das Gesetz des Mose zu kennen. Es muß also eine Gerechtigkeit allein aus Glauben geben, ohne daß ein Mensch Werke des Gesetzes vorzuweisen hätte (vgl. Röm 3,28). Nur aufgrund dieser Überlegungen waren im frühen Christentum die Voraussetzungen für eine Heidenmission gegeben, die auf die Übernahme des mosaischen Gesetzes verzichtete: Es gibt, wie das Vorbild Abrahams zeigt, einen Weg des Lebens mit Gott und vor Gott, auch wenn die Vorschriften des Gesetzes, vor allem die Beschneidung, nicht gehalten werden.

Abraham wird vom Neuen Testament eingeordnet in das in Jesus Christus neu gewordene Verhältnis Gottes zum Menschen. Auf die Frage der Juden: »Bist du etwa größer als unser Vater Abraham?« (Joh 8,53), antwortet Jesus: »Euer Vater Abraham jubelte, da er meinen Tag sehen sollte« (Joh 8,56), und »Ehe Abraham wurde, bin ich« (Joh 8,58). Abraham wird damit ganz auf Christus hingeordnet. Diese Sicht findet sich auch im Hebräerbrief. Abraham wird gezeichnet als der Mensch, der mehr sucht als ein irdisches Land, sein Ziel ist die eschatologische Stadt Gottes (vgl. Hebr 11,16). Nur deshalb findet er die Kraft, seinen Sohn darzubringen, denn »er verließ sich darauf, daß Gott sogar die Macht hat, Tote zum Leben zu erwecken« (Hebr 11,19). Indem Abraham den Glauben an die Auferstehung vorwegnimmt, wird er zum Vater aller Glaubenden, auch der Christen.

Isaak kommt im Neuen Testament nur an wenigen Stellen ausdrücklich vor. Als Kind der Verheißung ist er Vorbild aller wahren Kinder Gottes (vgl. Röm 9,7) und aller wahren Kinder der Kirche und des himmlischen Jerusalems (vgl. Gal 4,28-31). Wie Isaak nicht aufgrund natürlicher Zeugung geboren wird, so sind auch die Christen nicht von Natur aus Kinder Abrahams wie die Juden, sondern aufgrund der göttlichen Verheißungen und ihres Glaubens.

Die Beziehung zwischen Isaak und Christus wird in Gal 3,16 angedeutet: »Abraham und seinem Nachkommen wurden die Verheißungen zugesprochen. Es heißt nicht: ‚und den Nachkommen', als wären viele gemeint, sondern es wird nur von einem gesprochen: und deinem Nachkommen; das aber ist Christus.« Christus ist der wahre Sohn Abrahams, auf den die gesamte Heilsgeschichte zuläuft und für den Isaak nur ein Vorbild war. Dieser Gedanke wird an einigen anderen Stellen des Neuen Testaments ausgeführt, wenn (interessanterweise ohne Nennung des Namens Isaak) die Opferung Isaaks mit dem Kreuzesopfer Jesu Christi verglichen wird. Im Johannesevangelium wird Christus als das Lamm Gottes bezeichnet (vgl. Joh 1,29 und Gen 22,7), er ist als der geliebte Sohn zugleich das Lamm, das Gott der Vater hingibt, um die Sünde der Welt hinwegzunehmen. Im Gegensatz zu Abraham, dessen Sohn verschont wurde, hat Gott »seinen eigenen Sohn nicht verschont, sondern ihn für uns alle hingegeben« (Röm 8,32; vgl. auch Joh 3,16). Dafür findet sich eine Parallele im späten Alten Testament, wenn im 2. Buch der Chronik der Berg Zion, auf dem David den Tempel erbaute und auf dem alle Opfer Israels dargebracht werden sollten, Morija genannt wird wie der Berg der Opferung Isaaks (vgl. 2 Chr 3,1). So werden schon im Alten Testament alle Opfer mit dem Opfer Abrahams verbunden.

Die Patriarchen Jakob und Josef spielen im Neuen Testament keine große Rolle. Sie werden vor allem in den großen heilsgeschichtlichen Rückblicken in Apg 7 und Hebr 11 erwähnt. Dabei wird von Jakob nur seine Zugehörigkeit zum Bund der Beschneidung (Apg 7,8) und die Tatsache, daß er selbst Segensträger war und diesen Segen an die Söhne Josefs weitergab (Hebr 11,20f), berichtet. Außerdem wird in Röm 9,13 noch das Maleachizitat: »Jakob habe ich geliebt, Esau aber gehaßt« (Mal 1,2f), zitiert, um die Freiheit des Erwählungshandelns Gottes zu betonen. Interessant ist das Josefporträt, das uns Lukas überliefert. Josef wird als der leidende Gerechte gezeichnet, der von der Eifersucht seiner Brüder verfolgt wird, den aber Gott rettet und erhöht und ihn so zum Retter seiner Brüder macht. Diese Aussagen charakterisieren Josef deutlich als Vorbild Jesu. Die Typologie wird noch dadurch unterstrichen, daß die Aussage »Gott war mit ihm« (vgl. Gen 39,2.21), die in Apg 7,9 von Josef gemacht war, sich in Apg 10,38 auf Jesus bezogen findet. Im Hebräerbrief wird das Vertrauen Josefs in die göttlichen Verheißungen gezeigt, wenn es heißt, er habe Sorge dafür getragen, daß die Israeliten seine Gebeine bei ihrem Einzug in das verheißene Land mitnähmen.

Wichtige Motive der patristischen Genesisauslegung

Zur Erleichterung des Verständnisses der folgenden Texte soll an dieser Stelle auf einige häufig vorkommende Motive aufmerksam gemacht werden, die die Auslegung der Väter bestimmen und auf die zu achten das Lesen erleichtern kann.

– Die Christen als Kinder Abrahams
In der Auslegung der Kirchenväter spielt der Gedanke eine große Rolle, daß das Leben der Patriarchen – oder noch allgemeiner gesagt, die Geschehnisse des Alten Testaments insgesamt – Maßstab gebende Bedeutung für das christliche Leben haben. Der Weg der Patriarchen und der Weg des Volkes Israel muß in jedem Einzelleben nachvollzogen werden.
 Dabei ist die Taufe für den Christen der Zeitpunkt des göttlichen Rufes. Wie Abraham wird er aufgefordert, das eigene Leben, und

das heißt seine vertrauten Überzeugungen, Gefühle und Beziehungen zu verlassen und am Leben des dreifaltigen Gottes teilzuhaben. Dieser Ruf ist immer der Ruf in ein unbekanntes Land, von dem der Mensch nicht weiß, was ihm dort begegnen wird, und es ist daher mit Schwierigkeiten und auch einer gewissen Angst verbunden, ihm zu folgen.

Wer wie Abraham dem Anruf Gottes und seinen Verheißungen gefolgt ist, erwartet, daß Gott diese Verheißungen erfüllt. Doch in der Realität ist davon oft nur wenig zu spüren, das christliche Leben scheint eher im Erleben von Entbehrungen und Kämpfen als in Freude, Ruhe und Sicherheit zu bestehen. So prüft Gott jeden Menschen wie Abraham. Die Kirchenväter führen diesen Gedanken zum Teil sehr breit aus und verfolgen ihn in alle Einzelheiten des Lebens Abrahams und des Christen. Die zugrundeliegende Überlegung ist, daß das Leben hier auf der Erde für den glaubenden Menschen den Charakter der Vorläufigkeit hat und geprägt ist von dem Wissen um die noch ausstehenden Güter, die Gott versprochen hat. Der glaubende Mensch bezieht seine Hoffnung, die zugleich auch ein Leiden ist, aus der Tatsache, daß Gott ihm mehr verheißen hat, als er erfüllt sieht. Im Vertrauen auf Gott wagt er dieses Noch-nicht wahrzunehmen und läßt sich selbst von der Aussicht auf den drohenden Tod seine Hoffnung nicht nehmen.

Das Leben des Menschen wird in Analogie zu den Patriarchenerzählungen als Weg gesehen, bei dem es verschiedene Stadien gibt. Bei Abraham beispielsweise heißen diese Stadien: Ruf – Namensänderung – Beschneidung – Erprobung. Besonders die Erprobung Abrahams wird als Vorbild für jeden Menschen geschildert. Nicht daß jeder Vater sein Kind opfern soll, erscheint dabei als der springende Punkt, sondern daß von jedem die dieser Tat entsprechende Gottesliebe gefordert wird. Denn Nachkomme Abrahams zu sein bedeutet, die Taten Abrahams nachzuahmen.

Ein weiterer wichtiger Punkt, der die Abstammung von Abraham betrifft, ist die paulinische Idee, daß die Christen mit Abraham in Verbindung stehen, weil sie wie Isaak aus einer geistigen Zeugung stammen. Nur wer geistig geboren oder besser wiedergeboren ist, kann Christus als den Auferstandenen erkennen und an seinem Leben teilhaben. Für den Christen geschieht diese neue Geburt ebenso wie der Ruf, die Heimat zu verlassen, in der Taufe. Von der geistigen Geburt der Taufe ausgehend, kann in den weiteren Lebensstationen der Patriarchen ebenfalls ein Sinn gesucht werden, der, ohne die historische Dimension zu leugnen, diese doch übersteigt und so für die Kirche Gültigkeit behält. Dies gilt z.b. für die (in der Kirche nicht mehr praktizierte) Beschneidung. Sie hat nach patristischer Auffassung einen inneren Sinn, der sich durch innerbiblische Vergleiche erschließt. Leitend ist dabei Paulus, der sagt »Beschneidung ist, was am Herzen durch den Geist, nicht durch den Buchstaben geschieht« (Röm 2,29).

Die Kirchenväter deuten die Patriarchenerzählungen wie das ganze Alte Testament, indem sie nach der Auslegung des Neuen Testaments fragen, diese dann aufnehmen und weiterführen. Hermeneutische Grundregel ist dabei die Aussage des Paulus: »Alles, was geschrieben steht, ist um unseretwillen geschrieben, die das Ziel der Geschichte erreicht hat« (1 Kor 10,11). In diesem Satz drückt sich nicht das Selbstverständnis eines Menschen aus, der sich und seine Mitchristen für den Mittelpunkt der Welt hält, sondern ein theologisches Verständnis von Geschichte. Alles Geschehen hat in Kreuz und Auferstehung sein Ziel und ist in Bezug auf dieses Ziel zu beurteilen. Ein Bibeltext ist dann wirklich verstanden, wenn gezeigt werden kann, wie er sich auf Christus bezieht.

Von dieser Sicht her sind die Patriarchen der Beginn eines geschichtlichen Weges, den Gott die Menschheit führt. Das bedeutet aber keineswegs, daß sie als Anfang nach dem Kommen Jesu Christi überholt und überflüssig sind. Glaube hat Wegcharakter. Nicht weil Gott sein Heil verzögert, sondern weil der Mensch als geschichtliches Wesen den Weg und das mit ihm gegebene langsame Geführtwerden braucht. Daher muß jeder Mensch den Weg des Volkes Israel in seinem eigenen Leben nachvollziehen und so lernen, wie man sich in der Lebensgemeinschaft mit Gott verhält. Immer geht der Weg vom Alten Testament zum Neuen, von Abraham zu Christus. Christus kann nur dann wirklich verstanden werden, wenn die ganze Offenbarung des Alten Bundes angenommen wird.

– Die Kirche aus Juden und Heiden
Neben dem Hinweis, daß das Leben der Patriarchen Vorbild für jeden einzelnen Glaubenden ist, finden die Kirchenväter im Buch

Genesis auch Wesentliches für die Gemeinschaft der Glaubenden, die Kirche, gesagt. Vor allem machen sie immer wieder darauf aufmerksam, daß diese Kirche aus Juden und Heiden besteht. Dies könnte zunächst überraschen. Auf der einen Seite erwartet man nicht, im Buch Genesis etwas über die Berufung der Heiden zu hören, auf der anderen Seite spielt im Leben der heutigen Christen die Existenz Israels meistens keine entscheidende Rolle. Gerade darum scheint es wichtig, dieses Motiv wahrzunehmen.

Die Berufung aller Menschen, auch der Heiden, in den Bund mit Gott ist Abraham verheißen worden, als es hieß, er sollte der Vater vieler Völker werden (vgl. Gen 18,18). Im Alten Testament ist diese Verheißung nicht wirklich in Erfüllung gegangen, da die meisten Völker keine Beziehung zu Abraham haben und nur das jüdische Volk sich ausdrücklich auf ihn beruft. Erst in Christus werden alle Völker in den Bund Gottes mit Abraham aufgenommen und dürfen dem Gott Israels dienen. Wichtig ist in diesem Zusammenhang Gen 15. Abraham fragt – nicht im Unglauben, sondern wie Maria voll Glauben –, wie die göttlichen Verheißungen in Erfüllung gehen werden. Gott antwortet ihm mit der Aufforderung: »Hol mir ein dreijähriges Rind, eine dreijährige Ziege, einen dreijährigen Widder, eine Turteltaube und eine Haustaube!« (Gen 15,9) Weil dieser Befehl keine Antwort auf Abrahams Frage ist, schließen die Väter, daß die Opfertiere mehr bedeuten müssen als das, was sie auf den ersten Blick sind, sie müssen eine indirekte Antwort an Abraham sein. Sie weisen hin auf die Menschen, die aus Abraham hervorgehen werden: geteilte und ungeteilte, fleischliche (für die die Tiere Symbol sind) und geistige (für die die Tauben Symbol sind), solche, die gleichzeitig Gott und der Welt dienen, und solche, die ungeteilt für Gott da sind. Die Vielzahl der Tiere weist hin auf die allumfassende Kirche, die ganz verschiedene Menschen in ihren Reihen haben wird. Hier geht es also zunächst um die Kirche aus den Heiden, die Abraham schon im Voraus verkündet wird.

Die Haltung der Väter zum jüdischen Volk ist sehr unterschiedlich, sie reicht von Hochachtung bis zu schroffer Ablehnung. Doch auch bei den Vätern, die die Juden verurteilen und ablehnen, ist ein Wissen darum vorhanden, daß die Juden die eigentlich von Gott Erwählten und Geliebten sind und die Heiden nur als Zweite von Gott berufen wurden. Noch Cäsarius (6. Jh.) unterscheidet Heiden und Juden ganz klar: Die Heiden waren von Geburt an Götzendiener, während die Juden immer dem wahren Gott gedient haben.

Die Kirche aus Juden und Heiden finden die Väter in den beiden Söhnen Isaaks und in den beiden Frauen Jakobs angedeutet. Während Abraham nur einen Sohn hatte, hat Isaak zwei Söhne. Damit entsteht die Frage, welcher von beiden Erbe und zwar vor allem Erbe der Verheißungen werden soll. Der jüngere Sohn, Jakob, wird durch eine List gegen die Ordnung der Natur, die dem älteren Sohn ein Vorrecht gibt, vom Vater gesegnet und damit Stammvater des Volkes Israel. Als der jüngere Sohn ist er Bild der Heidenkirche, die ebenfalls ‚jünger' ist, aber das Erbe der Verheißungen erhält. In der Bevorzugung Jakobs vor Esau, die eine göttliche Bevorzugung ist (vgl. Mal 1,2f: »Ist nicht Esau Jakobs Bruder? – Spruch des Herrn –, und doch liebe ich Jakob, Esau aber hasse ich«; der Text wird in Röm 9,13 aufgegriffen), findet die Kirche das Mysterium ihrer eigenen Erwählung.

Deutlicher wird das Gesagte noch in den beiden Frauen Jakobs Lea und Rahel. Auch hier wird die Jüngere als die Bevorzugte beschrieben, zugleich aber als unfruchtbar und götzendienerisch (so wird Gen 31,19-35 interpretiert). Lea ist diejenige, deren Ruhm es ist, nie etwas mit Götzendienst zu tun gehabt zu haben, vorgeworfen wird ihr aber, ‚schwache Augen' zu haben, d.h. auf das jüdische Volk angewandt: Christus nicht zu erkennen. Beide Frauen sind und bleiben Jakobs Ehefrauen; die Kirche besteht bleibend aus Juden und Heiden. Christus wird mit einem Bild aus dem Epheserbrief als der Eckstein gesehen (vgl. Eph 2,18-21), der Juden und Heiden wie zwei Wände miteinander verbindet, oder nach dem Johannesevangelium als der gute Hirt, der zwei Herden weidet, die zwar verschieden sind und bleiben, die aber letztlich von ihm zusammengeführt werden (Joh 10,16).

– Fleisch und Geist

Die Anthropologie der Väter ist von Paulus bestimmt. Sehr oft findet sich bei ihnen der Gegensatz von Fleisch und Geist, den im Sinne von Körper und Geist zu verstehen ein Mißverständnis wäre. Es kommt alles darauf an, Ausdrücke wie ‚geistiger Leib' oder ‚fleischliches Denken' richtig zu verstehen.

Fleischlich ist der Mensch, der sein Denken und seine Gefühle von den Maßstäben dieser Welt bestimmen läßt. Dies zu tun, ist zunächst das Naheliegende und für ein Kind richtig und gut. Aber der Mensch soll im Laufe seines Lebens lernen, sich vom Geist bestimmen zu lassen und ein geistiger Mensch zu werden. Von daher ist ein Verbleiben im Zustand des fleischlichen Denkens Unreife; solche Menschen sind »unmündige Kinder in Christus« (1 Kor 3,1). Sie reduzieren nicht nur die Möglichkeiten ihres eigenen Lebens, sondern auch die Botschaft des Glaubens. Sie tun zwar ‚Werke' im Sinne von einzelnen guten Taten, da ihr Leben aber nicht insgesamt vom Geist Gottes bestimmt ist, ist es unfruchtbar oder sogar böse. In Bezug auf den Glauben gilt von ihnen, daß sie nur die unterste Ebene der Verkündigung aufnehmen und alles andere abweisen. Dies gilt für die Heilige Schrift, der sie nur einen Wortsinn zutrauen, ebenso wie für Jesus Christus, den sie in ‚fleischlicher Weise' nur als einen Menschen betrachten.

Bei einem vom Geist bestimmten Menschen dagegen wirkt sich der Glauben in seinem ganzen Leben aus und er ist fähig, Christus als das Wort des Vaters auch dort zu erkennen, wo es für den fleischlichen Menschen unerkennbar und verborgen ist. Durch die Einwohnung des Geistes Gottes wird er zum Verständnis der ganzen Schrift geführt und bringt im Glauben Früchte des Geistes hervor.

Es ist wichtig, sich immer bewußt zu halten, daß es, wenn die Kirchenväter von ‚Fleisch' und ‚Geist' sprechen, in den meisten Fällen nicht um philosophische, sondern um theologische Kategorien geht. Auch der Geist eines Menschen, der sich Christus verschließt, ist fleischlich, auch der Leib des Menschen wird geistig, wenn die Erlösung ganz an ihm vollzogen ist.

– Kirche auf dem Weg
Die beiden zuletzt genannten Motive Fleisch/Geist bzw. Juden/Heiden haben gemeinsam, daß mit ihrer Hilfe eine Scheidung unter Menschen vorgenommen wird: diejenigen, die die Offenbarung annehmen, und diejenigen, die sie ablehnen. In diesem Sinne können die ungläubig bleibenden Juden zugleich als fleischlich und die Christen als geistige Menschen beschrieben werden.

Dieser Vergleich zwischen Juden und Heiden wird in den Texten aber viel weniger ausgeführt als der wichtigere Gedanke, daß es innerhalb der Kirche selbst eine Unterscheidung vorzunehmen gibt. Diese Unterscheidung nimmt im Grunde jeder Mensch selbst vor nach dem Maß, in dem er sich auf den Glauben einläßt. Die Kirche wird keineswegs dem Judentum gegenübergestellt als eine Gemeinschaft der Vollkommenen, viel eher wird sie in Anlehnung an Abraham als pilgerndes Gottesvolk geschildert, das, solange es noch auf dem Weg ist, immer wieder abfallen kann. Die Mahnung des Apostels Paulus an die Heidenkirche, sich ja nicht zu überheben (vgl. Röm 11,13-24), klingt überall nach. Mit einem gewagten Bild, das von dem hinkenden Jakob genommen wird (vgl. Gen 32,32), kann Origenes ausdrücklich sagen: »Noch hinkt die Kirche.« Damit ist sowohl der Ist-Zustand beschrieben als auch seine Vorläufigkeit angedeutet (‚noch'). Die Kirche ist eine Kirche der Sünder, es gibt in ihr, wie die Väter ausführen, Menschen, denen Christus nur wenig bedeutet, die den Gottesdienst mit Geschwätz verbringen und in die Bibel kaum jemals hineinsehen. Aber sie ist zugleich auch die Kirche auf dem Weg, die unter der Verheißung steht, das Ziel, das Leben bei Gott, zu erreichen.

Die patristische Überzeugung, daß die Bibel ‚für uns' geschrieben ist, läßt die Väter nie im Nur-Geschichtlichen verbleiben oder auch in der Kritik an Außenstehenden. Immer geht es darum, der aktuellen Kirche und ihren Gliedern das Gericht anzusagen, das sowohl im Alten wie im Neuen Testament angekündigt ist.

– Die Sendung des Sohnes
In deutlicher Steigerung kommt im Buch Genesis das Motiv der Sendung des Sohnes vor. Sowohl Abraham als auch Isaak und Jakob schicken ihren geliebten Sohn von sich weg und liefern ihn damit aus.

Bei Abraham ist dieses Motiv vielleicht am vielfältigsten, aber darum auch, zumindest auf den ersten Blick, am undeutlichsten. Drei Szenen werden in der Väterexegese in diesen Zusammenhang gestellt. Zunächst die Opferung Isaaks. Abraham ist bereit, seinen Sohn zu töten und d.h. ihn ganz loszulassen (vgl. Gen 22). Bei der Werbung um Rebekka ist das Motiv weniger deutlich, weil Abraham nicht Isaak selbst sendet, sondern einen Knecht als seinen Stellvertreter (vgl. Gen 24). Bei der dritten Szene ist wichtig, daß die Begegnung zwischen Isaak und der ihm zugeführten Braut nicht ‚drinnen', das hieße bei den Zelten seines Vaters, stattfindet, sondern ‚draußen', auf dem Feld (vgl. Gen 24,63). Daß Isaak von Abraham nach draußen geschickt wurde, sagt die Bibel zwar nicht, aber auf jeden Fall befindet sich Isaak nicht bei seinem Vater, als er der Braut begegnet.

In der nächsten Generation kann Isaak keinen Stellvertreter mehr schicken, sondern muß seinen Sohn Jakob ziehen lassen, ja er muß ihn sogar ausdrücklich fortschicken, um ihn vor der Rache seines Bruders Esau zu schützen (vgl. Gen 28). Jakob verläßt das verheißene Land für lange Zeit und zieht ‚hinab' nach Mesopotamien, in die Fremde. Diese Reise tritt er ganz arm an, nur mit einem Stab in der Hand (vgl. Gen 32,11). Ziel der Reise ist auch hier die Heimführung einer Braut. Mit ihr, bzw. mit seinen zwei (vier) Frauen zusammen kehrt er nach Kanaan zurück, nun sehr reich.

Josef ist einer von zwölf Söhnen Jakobs, er unterscheidet sich aber von seinen Brüdern darin, daß er der ‚geliebte Sohn' ist und dadurch eine Sonderstellung hat (vgl. Gen 37,3). Bei Josef ist das Motiv der Sendung des Sohnes durch Verdoppelung gesteigert. Zunächst sendet der Vater Jakob seinen Sohn Josef zu seinen Brüdern. Voraussetzung dafür ist, daß Josef beim Vater ist, während die Brüder ‚draußen' sind (vgl. Gen 37,13f). Dann ‚senden' die Brüder ihn nach Ägypten, indem sie ihn verkaufen (vgl. Gen 37,28). Merkmal dieser zweiten Sendung ist eine noch größere Entfernung vom Vater und eine Bewegung in die Tiefe, die vorweggenommen wird, als die Brüder Josef in die Zisterne werfen, und die an ihr Ziel kommt, als Josef in Ägypten leben muß, dem Land des Todes. Dieses Moment des ‚hinab' war bei Isaak und Jakob durch die Brautwerbung in Mesopotamien gegeben, das von Kanaan aus gesehen ebenso unten liegt wie Ägypten. Weiteres Merkmal der zweiten Sendung Josefs ist ihr Motiv: der Haß der Brüder, die den ungeliebten Günstling des Vaters aus dem Weg haben wollen. Theologisch gedeutet wird das gesamte Geschehen, wenn Josef seinen Herabstieg nach Ägypten als Wirken Gottes, der das Böse der Menschen in seinen Heilsplan integriert, beschreibt: »Ihr habt Böses gegen mich im Sinn gehabt, Gott aber hatte dabei Gutes im Sinn, um zu erreichen, was heute geschieht: viel Volk am Leben zu erhalten«

(Gen 50,20). Gerade dadurch, daß Josef ins Land des Todes gebracht wird, kann er seinen Brüdern Leben geben.

Das Motiv der Sendung des Sohnes wird für die Väter erst in Christus in seiner ganzen heilsgeschichtlichen Bedeutung offenbar. Gott sendet seinen geliebten Sohn, damit dieser dem Menschen das nahegekommene Himmelreich verkünde, im Bild ‚die Braut heimführe' oder ‚nach seinen Brüdern sehe'. Der Mensch lehnt Christus ab und damit den ihn sendenden Vater, er liebt die Finsternis mehr als das Licht (vgl. Joh 3,19). Doch der Heilsplan Gottes wird durch die Verweigerung des Menschen nicht zunichte gemacht. Indem Christus dem Auftrag des Vaters bis zum Tod am Kreuz, zu dem ihn die Menschen verurteilen, treu bleibt, ermöglicht er neues Leben aus dem Tod. Durch seinen Tod und seine Auferstehung eröffnet er den Weg zu Gott.

– Brunnentheologie
Von der Überzeugung her, daß im Leben der Patriarchen die Sendung Jesu Christi in die Welt angedeutet ist, suchen die frühchristlichen Theologen für zahlreiche Einzelheiten des Lebens der Patriarchen Entsprechungen im Leben Christi. Dabei finden vor allem die häufig erwähnten Brunnen der Patriarchen Interesse.

Brunnen spielen im Buch Genesis eine große Rolle. Das kann nicht verwundern, da es um eine Schilderung nomadischen Lebens geht, wo alles davon abhängt, daß Mensch und Vieh zur rechten Zeit genügend Wasser finden. Brunnen sind lebensnotwendig, sie müssen täglich aufgesucht werden und bilden von daher eine Art Treffpunkt für die Bevölkerung des umliegenden Gebietes, aber auch für durchreisende Fremde.

Vor diesem Hintergrund wird zunächst das Motiv der Hochzeit am Brunnen verständlicher. Genaugenommen findet nicht die Hochzeit am Brunnen statt, wohl aber das Finden der Braut. Der Knecht Abrahams findet Rebekka, die Frau Isaaks, am Brunnen (vgl. Gen 24), Jakob findet seine Frau Rahel am Brunnen (vgl. Gen 29), noch später findet Mose Zippora am Brunnen (vgl. Ex 2,15-22) und im Neuen Testament Jesus die Samariterin (vgl. Joh 4).

Die Kirchenväter deuten dieses Motiv, indem sie fragen, wofür ‚Wasser' ein Symbol ist. Die vordergründige Antwort wird lauten:

für ‚Leben'. Ohne Wasser ist irdisches Leben nicht möglich. Aber der Mensch hat auch ein geistiges Leben, ein Leben, das in der Beziehung zu Gott besteht. Nur wenn dieses Leben in ihm wächst, kann der Mensch wirklich Mensch sein.

In der Kirchenvätertheologie gibt es zwei Deutungen für die Brunnen der Patriarchen und deren Wasser. Die ältere, wohl auf Origenes zurückgehende Deutung sagt, daß der geistige Brunnen, aus dem der Mensch ständig schöpfen muß, das Wort Gottes ist. Nur wer von diesem Wort trinkt, wird mit Gott verbunden; nur am Brunnen der Heiligen Schrift kann ein Mensch Christus begegnen und mit ihm in einer ehelichen Gemeinschaft verbunden werden.

Die spätere Deutung setzt eine andere kirchliche Situation voraus. Christen zögern, sich und ihre Kinder taufen zu lassen, weil sie die mit der Taufe verbundenen Verpflichtungen scheuen. In dieser Zeit muß die Kirche ermahnen, zur Taufe zu kommen, der Brunnen ist nun ein Bild für das Wasser der Taufe. Gemeinsam ist beiden Deutungen, daß mit dem Wasser das Leben Gottes, das Jesus Christus ist, an die Glaubenden vermittelt wird.

Dieses Leben kann in unterschiedlicher Fülle vorhanden sein. Symbole dafür sind Quelle, Brunnen und Schlauch. Wesentlich für die Quelle ist reichlich strömendes Wasser, das leicht zu schöpfen ist. Ihr entspricht das Neue Testament, in dem auf jeder Seite unmittelbar von Christus die Rede ist. Brunnen enthalten ebenfalls viel Wasser, aber es ist schwieriger heraufzuholen. Das entspricht der Mühe, die es bereitet, Christus im Alten Testament zu finden. Im Schlauch dagegen ist nur wenig Wasser vorhanden, das schnell aufgebraucht ist. Der Schlauch entspricht dem Alten Testament dem Buchstaben nach.

Von Isaak wird berichtet, er habe alte Brunnen seines Vaters, die die Philister zugeschüttet hatten, wiederaufgegraben und neue angelegt. Dieser Vorgang hat sich nach der Überlegung der Kirchenväter im Leben Christi erfüllt in der Souveränität und Freiheit, die Jesus dem alttestamentlichen Gesetz gegenüber bewies (vgl. bes. Mt 5 – 7). Er hob es nicht auf, sondern legte seinen eigentlichen Sinn frei. Er grub auch wie Isaak neue Brunnen, indem er neben dem Alten Testament die Bücher des Neuen Testaments durch seine Jünger schreiben ließ.

Es muß betont werden, daß Kirchenväter bei aller Freude an der Typologie immer wieder darauf hinweisen, daß Bild und Vorbild einander nicht völlig entsprechen. Die in Christus geschenkte Fülle ist im Alten Testament noch nicht gegeben; wäre sie es, wäre sein Kommen überflüssig gewesen. Am deutlichsten wird das bei der Opferung Isaaks, da Isaak gerade nicht geopfert, sondern verschont wird. Die Bereitschaft, das Opfer darzubringen, wird anstelle des Opfers angenommen, und der Sohn wird durch einen Widder ersetzt. Auch Josef wird zwar in die Zisterne geworfen, weil die Brüder seinen Tod wollen, aber er wird im letzten Augenblick gerettet und nicht getötet. Jesus Christus dagegen wurde nicht bewahrt, sondern dem Tod ausgeliefert.

– Wichtigkeit von Zahlen, Zeit- und Ortsangaben
Eine große Bedeutung wird in der patristischen Theologie Zahlen-, Orts- und Zeitangaben beigemessen. Für die Zahlensymbolik der Väter sind in den Texten keine Beispiele aufgenommen worden, denn diese Art des Denkens ist uns heute sehr fremd und ohne gute philologische Kenntnisse meist unverständlich. Nur eine häufig vorkommende, sehr alte Deutung soll hier erwähnt werden, die der 318 Männer Abrahams in Gen 14,14. In der Zahl 318 sehen frühchristliche Theologen eine Anspielung auf das Kreuz, denn die 300 ist das Zahlzeichen für den Buchstaben ‚t‘, der wegen seiner Form ein Zeichen des Kreuzes ist und die 18 das Zeichen für ‚je‘, die ersten Buchstaben des Namens ‚Jesus‘, also bedeutet 318 ‚Kreuz Jesu Christi‘. Damit wird bewiesen, daß Abraham schon damals seine Gegner nicht durch menschliche Kraft, sondern durch die Macht des Kreuzes Christi besiegt hat.

Bei der Zeitsymbolik der Väter spielt vor allem die Tageszeit und das heißt die Stärke des Lichtes eine Rolle. Der frühe Morgen weist auf die Schöpfung ebenso wie auf die Neuschöpfung in Christus hin. Im Licht der Wahrheit Gottes wurden alle Dinge geschaffen, in diesem selben Licht wird der Mensch neugeschaffen, wenn in ihm das ‚wahre Licht der Welt‘, nämlich Christus, aufzustrahlen beginnt, um ihn geistig zu erleuchten. Der Mittag deutet im Gegensatz zum Morgen keinen Beginn an, sondern die Fülle des Lichtes. Diese Fülle ist erreicht, wenn ein Mensch ganz von Christus erfaßt ist, wenn sein Herz so rein ist, daß er ‚danach ruft, Gott zu sehen‘ und von ihm geistigerweise besucht wird. Der Abend bedeutet das

Ende der Welt. Mit ihm wird gleichzeitig Untergang und Aufgang und damit das Mysterium von Tod und Auferstehung Christi angedeutet. Der Abend ist das Ende dieser Welt und damit die Zeit des erlöschenden Lichtes und des bevorstehenden Gerichtes. Gleichzeitig ist er aber auch der Übergang zu einem neuen Tag.

Wichtig ist in diesem Zusammenhang der dritte Tag. Er ist der Tag des Eingreifens Gottes. An ihm erreicht Abraham die Opferstätte (vgl. Gen 22,4), er wird im Buch Exodus immer wieder erwähnt (vgl. Ex 3,18; 10,22f; 15,22; 19,11-16), und an ihm stand Christus von den Toten auf (vgl. 1 Kor 15,4).

Bei Orten ist die geographische Lage und die Landschaftsform wichtig und gibt Hinweise für die Interpretation. Wenn Isaak auf das Feld hinausgeht (vgl. Gen 24,63), spielt vor allem seine Entfernung aus dem Zelt des Vaters, sein ‚Draußen-Sein', eine Rolle, die das Feld zum Bild werden läßt für die gottfeindliche Welt, in die Christus kam. Bei der öden Gegend, in der Josef seine Brüder sucht (vgl. Gen 37,15), spielt die Weite und Verlorenheit des Ortes eine Rolle. Die Brüder sind nicht an dem Ort, an dem sie sein sollen, und daher muß auch der, der sie sucht, herumirren, um die Irrenden zu suchen. Auch das wird in Christus voll erfüllt gefunden.

– Wichtigkeit von Namen

Für die Kirchenväter wird mit dem Namen einer Sache oder Person die Beschaffenheit dessen angedeutet, der den Namen trägt. Der Name steht in einer realen Beziehung zu dem Träger und ist nicht beliebig. Daher ist es verständlich, daß der Name sich ändern muß, wenn sein Träger sich wandelt.

Ein Beispiel dafür ist Abram, dessen Name von Gott geändert wird, als Gott ihn neu beruft. Die Berufung durch Gott verändert den Menschen hier so sehr, daß diesem Wandel auch ein neuer Name entsprechen muß. Gleichzeitig sagt der Name aus, was Abraham als von Gott in Dienst Genommener ist bzw. werden soll: Vater vieler Völker. Bei Isaak drückt sein Name, der mit ‚Lachen' oder ‚Freude' zu übersetzen ist, weniger seine fröhliche Gemütsart aus als seine Bedeutung für seine Eltern. Er ist der verheißene Sohn, der sie mit Jubel erfüllt. In wieder etwas anderer Art und Weise wird bei Jakob und Esau mit dem Namen das zukünftige Geschick der

Kinder angedeutet. Jakob bekommt darüber hinaus einen eschatologischen Namen, der nicht so sehr ihn als Einzelperson charakterisiert, sondern die endzeitliche Hoffnung des ganzen Volkes zusammenfaßt.

Bei der Interpretation von Ortsnamen nehmen die Väter oftmals onomastische Wörterbücher zu Hilfe. Das Tal ‚Gerar‘, in das Isaak kommt, bedeutet ‚Mauer‘ oder ‚Zaun‘. Sichem, der Ort, an dem Josef die Brüder zuerst sucht, wird mit ‚Schulter‘ übersetzt; Dotan, wo er sie schließlich findet, mit ‚Schwäche‘. Ausgehend von diesen Befunden, versuchen die frühchristlichen Theologen, die Ortsnamen mit dem Inhalt der Erzählung in Einklang zu bringen. Theologischer Ausgangspunkt ist bei diesem Bemühen immer die Überzeugung, daß nichts in der Bibel zufällig oder rein nebensächlich ist, sondern alles Bedeutung hat.

II. Ausgewählte, kommentierte Texte

Theresia Heither

Im zweiten Teil dieses Buches sollen ausgewählte Texte zu den Patriarchenerzählungen vorgestellt und, so weit notwendig, erklärt werden. Da dieser Teil nach den einzelnen Patriarchen gegliedert ist, waren Überschneidungen in der Zählung der Kapitel des Buches Genesis nicht zu vermeiden, so kommt z.b. Gen 22 sowohl bei Abraham als auch bei Isaak vor. Ausgewählt wurden nur einzelne Texte, die unmittelbar ansprechen und leicht nachzuvollziehen sind. Ihre Herkunft ist ganz unterschiedlicher Art, es sind Texte von Kirchenvätern des Ostens oder Westens, des zweiten, dritten oder eines späteren Jahrhunderts. Eine Überschrift mit der Angabe der Herkunft eines Textes bezieht sich auch auf alle folgenden Texte, solange bis eine neue Quellenangabe angegeben wird.

1. Abraham, Vater unseres Glaubens

Im Römerbrief spricht der Apostel Paulus von »unserem Vater Abraham« (vgl. Röm 4,17). Die Frage ist also: Worin besteht unsere Verwandtschaft mit ihm? Die Kirchenväter geben folgende Antwort: Abraham ist der Vater unseres Glaubens, er ist der erste geschichtliche Mensch, der die Beziehung zum Gott der biblischen Offenbarung kennengelernt und gelebt hat. Gott erfüllt seine Verheißung an ihn, er werde der Vater vieler Völker werden, denn er ist der Vater der Juden und der glaubenden Heidenvölker; für die einen ist er es als leiblicher Stammvater, für die anderen aufgrund des gleichen Glaubens. Ein Sohn oder eine Tochter Abrahams zu sein, ist im biblischen Sprachgebrauch eine große Auszeichnung. Jesus bezeichnet Menschen so, die durch ihren Glauben besonders auffallen, wie z.B. die gekrümmte Frau (vgl. Lk 13,16) und Zachäus, den Zöllner (vgl. Lk 19,9).

Zu Gen 12

Abrahams Berufung

Abrahams Berufung wird von Origenes in seinem Kommentar zum Johannesevangelium kurz erklärt. Denn in diesem Evangelium spielt die Frage nach der Abrahamskindschaft eine große Rolle. Auch nach dem Apostel Paulus ist sie die entscheidende Wirklichkeit für die Existenz des Menschen vor Gott. Im Römer- und im Galaterbrief hat er ausführlich darüber gesprochen, wer als Kind Abrahams gelten darf, nämlich nur der Glaubende. Was Glauben bedeutet, das können wir an Abraham und seinem ganzen Leben erkennen. Er ist in den Schriften der Väter vor allem das Beispiel eines glaubenden Menschen.

Durch Abrahams Berufung wird klar: Wer sich auf das Wort Gottes im Glauben einlassen will, muß zuvor alles Eigene verlassen. Origenes erklärt, daß die Berufung Abrahams eine weitere und tiefere Bedeutung hat als nur das historische Faktum im Leben Abrahams. Er meint also, daß das Wort Gottes nicht nur an Abraham erging, sondern an einen jeden Glaubenden ergeht und ihn zum gleichen Tun auffordert. Nur muß dieses Tun in die Wirklichkeit des jeweiligen Glaubenden übertragen werden und kann nicht wörtlich gelten.

Origenes, Kommentar zum Johannesevangelium 20,10:
Nach der Anleitung des Erlösers sollen wir uns durch unsere Werke als Kinder Abrahams erweisen. Man muß aber dann die ganze Abrahamsgeschichte allegorisch verstehen. Was Abraham getan hat, muß von uns geistig nachvollzogen werden, angefangen von dem Wort: »Zieh fort aus deinem Land und aus deiner Verwandtschaft und aus deinem Vaterhaus in das Land, das ich dir zeigen werde!« (Gen 12,1) Gott hat dies nicht nur zu Abraham gesprochen, sondern zu jedem, der in Zukunft sein Kind sein würde. Jeder hat nämlich

ein eigenes Land und, bevor das Wort Gottes ihn erreicht, eine Verwandtschaft, die nicht gut ist. Er hat auch ein Vaterhaus, bevor das Wort Gottes an ihn ergeht. Aus all dem müssen wir gemäß dem Wort Gottes ausziehen, wenn wir auf unseren Erlöser hören, der sagt: »Wenn ihr Kinder Abrahams seid, dann tut die Werke Abrahams« (Joh 8,39). Dem entsprechen wir, wenn wir unser eigenes Land verlassen und zu dem wahrhaft guten und weiten Land ziehen, das Gott uns zeigt. Es geziemt sich, daß Gott, der Herr, es denen gibt, die den Auftrag erfüllt haben: »Zieh fort aus deinem Land!«

Das Land, das der Glaubende als Kind Abrahams verlassen soll, ist also nicht eine Landschaft irgendwo auf der Erde, der geistige Nachvollzug des Auszugs Abrahams bedeutet vielmehr, daß jeder Glaubende das Land verlassen muß, das er mit seinem Wesen bewohnt, in dem er sich zu Hause fühlt. Das kann jeweils etwas anderes sein: Sitte und Gewohnheit, Lebensart und Lebensform. Damit wird der Bruch mit dem bisherigen Leben stark betont, den jeder vollziehen muß, wenn er ein Leben des Glaubens beginnen will. Origenes lebt noch zur Zeit der Verfolgungen und der ganz heidnisch geprägten Umwelt. Für ihn ist dieser Gedanke sehr naheliegend.

Wenn wir unsere Verwandtschaft verlassen, die nicht gut ist, werden wir zu einem großen Volk werden, das größer ist als das bei Menschen üblich ist. Und wenn wir das unrühmliche Vaterhaus mißachten, werden wir gesegnet werden, so daß unser Name groß wird. So sehr werden wir gesegnet werden, daß, wer uns segnet, von Gott gesegnet wird, wer uns flucht, selbst unter dem Fluch stehen wird. Ja, alle Geschlechter der Erde werden durch uns gesegnet (vgl. Gen 12,1-3).

Ähnliches wie von dem Land muß man auch von der Verwandtschaft im geistigen Sinne sagen, die der Glaubende verlassen soll. Es sind seine natürlichen Bindungen. Wieso soll er sie verlassen? Wieso sind sie nicht gut? Sie hindern auf dem Weg des Glaubens, weil sie andere Beweggründe und Rücksichten als den Auftrag Gottes in den Vordergrund stellen. Unrühmlich ist das Vaterhaus eines Menschen, der seine Herkunft nur mit einem menschlichen Namen bezeugen kann. Hier wird eine Grundhaltung sichtbar, die man sich bewußt machen muß, wenn man die folgenden Texte verstehen will. Für die Väter und Origenes im Besonderen ist ‚menschlich' keine Wertbezeichnung. Der Mensch ist berufen, in Kontakt mit Gott zu treten und etwas von der Wirklichkeit Gottes in sein Leben aufzunehmen, göttliches Leben in sich zu tragen. Nur der Glaubende, der mehr ist als ein Mensch, nämlich ein Mensch mit göttlichem Leben in sich, erfüllt im Vollsinn das Menschsein, wie Origenes sagt. Sein Menschenbild ist auf die höchste Ausprägung des Menschseins ausgerichtet, auf den Gottmenschen, der jedem Glaubenden Anteil an seiner göttlichen Wesenheit gibt.

Fortschreiten auf dem Weg des Glaubens

Abraham muß zwar das Eigene verlassen, er bekommt aber von Gott unendlich viel mehr dafür zurück. Der Glaube führt den Menschen in die Weite, sowohl was die menschlichen Beziehungen angeht als auch was die Ehre und das Ansehen betrifft, das er nicht immer vor den Menschen, aber bestimmt vor Gott empfängt. Origenes deutet die ersten Ereignisse, die von Abraham im Land der Verheißung berichtet werden, so, daß sie jeden Glaubenden betreffen.

Wenn wir in das Land Kanaan kommen, werden wir hindurchziehen bis nach Sichem, und so werden wir in unserer Gesinnung aufsteigen und daher fortschreiten, bis wir zu der hohen Terebinthe gelangen. Dort wird uns Gott der Herr erscheinen, der dem Abraham erschien, und wird verheißen, daß er unserer geistigen Nachkommenschaft das Land um die hohe Terebinthe geben wird.

Wer verstanden hat, was es heißt: Tut die Werke Abrahams, der wird dort, wo der Herr ihm erscheint, auch einen Altar erbauen. Dann wird er die Erfahrung des Hungers auf der Erde machen, nach Ägypten ziehen und dort wohnen, damit nicht auch ihn der Hunger überwältige, der auf der Erde herrscht. Er wird nach Ägypten ziehen mit seiner schönen Frau und eine Übereinkunft mit ihr treffen. Damit will er erreichen, daß die Ägypter um ihretwillen gut mit ihm umgehen und er »Schafe, Rinder, Esel, Knechte und Mägde, Maultiere und Kamele« erhält (Gen 12,16).

Versuchen wir, die geistige Deutung des Origenes noch einmal nachzuvollziehen: Die Nachkommenschaft sind – geistig verstanden – die Menschen, denen wir den Glauben vermitteln können; das Land ist das Land Gottes, d.h. der Reichtum seines Wortes und seiner Weisheit. Dort wird der Herr sich selber zu erkennen geben. Er wird den Glaubenden befähigen, gegen seine, d.h. Gottes Feinde, zu kämpfen. Der Hunger, der über das ganze Land kommt, ist – geistig verstanden – der Hunger nach dem Wort Gottes. Das führt Origenes an dieser Stelle nicht aus, er spricht aber an sehr vielen anderen Stellen davon; Amos 8,11: »Seht, es kommen Tage – Spruch Gottes, des Herrn –, da schicke ich den Hunger ins Land, nicht den Hunger nach Brot, nicht Durst nach Wasser, sondern nach einem Wort des Herrn«, ist eine der bevorzugten Schriftstellen bei Origenes.

Um diesem Hunger nicht zu verfallen, zieht Abraham mit seiner schönen Frau nach Ägypten. Die Frauen der Patriarchen werden sehr verschieden gedeutet. Wenn Abraham der Glaubende schlechthin ist, dann ist seine Frau die Weisheit und Tugend. Diese Deutung hat Origenes schon von Philo übernommen. Der Gedankengang dabei ist folgender: Die Ergänzung des Mannes ist die Frau. Der Glaubende findet die Ergänzung seines Menschseins, d.h. das, was ihn vollendet, in der göttlichen Weisheit, die er im Glauben aufnimmt. Wenn Origenes also die Frau Abrahams so deutet, dann ist es für ihn keine Schwierigkeit zu erklären, warum es Abraham um seiner Frau willen in Ägypten gut geht und er mit viel materiellem Besitz beschenkt wird, der nur äußeres Zeichen ist für seinen inneren Reichtum.

Das alles im einzelnen durchzugehen und zu erklären, ist wohl das Werk eines Weisen. Er kann mit Verständnis in die Tiefen der Schrift eindringen und zugleich die ganze Abrahamsgeschichte und alles, was über ihn geschrieben steht, erforschen, denn das ist ja allegorisch gesprochen. Als geisterfüllte Menschen wollen wir das geistig nachzuvollziehen versuchen.

Allegorische Auslegung im Anschluß an den heiligen Paulus erschließt die Tiefen und den vom Heiligen Geist intendierten Sinn der Heiligen Schrift. Diese geistige Deutung entspricht den geistigen Menschen, das sind vom Geist Gottes erfüllte Menschen. Ein geistiger Nachvollzug ist daher nicht eine rein äußerliche Nachahmung des Tuns Abrahams, sondern ein Verwirklichen dessen, was Gott mit seinem Wort gewollt hat. Die sogenannte geistige Deutung der geschichtlichen Erzählungen erhebt also einen hohen Anspruch; Origenes will mit ihr die Intention der Offenbarung fassen.

Zu Gen 15

Abraham sah den Tag Christi

Die Schrift des heiligen Irenäus von Lyon ‚Gegen die Häresien' ist kein exegetisches Werk, enthält aber dennoch viele Hinweise auf eine geistige Deutung der Schrift. Irenäus sieht Abraham und auch die anderen Patriarchen in Beziehung zu Christus, weil er die Aussage ernst nimmt, daß man nur durch Christus den Vater erkennen und erfahren kann. Er lehrt überall da, wo von Gottes Beziehung und seinem Auftrag an Abraham die Rede ist, Christus zu erkennen. Von dieser Voraussetzung her kann er Stellen des AT mit solchen aus dem NT in Verbindung bringen. Man muß die Schrift gut kennen, um alle Andeutungen und Anspielungen zu verstehen.
Eine Stelle, die von Abraham spricht, soll das erläutern:

Irenäus, Gegen die Häresien 4,5,2-4:

Wenn Gott nicht der Gott von Toten ist, sondern von Lebendigen, und wenn er der Gott der entschlafenen Väter heißt, dann leben sie zweifelsohne für Gott und sind nicht zugrunde gegangen, weil sie Söhne der Auferstehung sind (vgl. Lk 20,36). Die Auferstehung ist aber unser Herr selber, wie er gesagt hat: »Ich bin die Auferstehung und das Leben« (Joh 11,25). Die Väter sind seine Söhne; beim Propheten heißt es ja: »Anstelle deiner Väter hast du deine Söhne bekommen« (vgl. Ps 44,17 LXX). Christus selbst ist folglich zusammen mit dem Vater der Gott der Lebendigen, der mit Mose gesprochen und sich den Vätern gezeigt hat.

Und im Zusammenhang dieser Belehrung sagte er zu den Juden: »Abraham, euer Vater, jubelte, weil er meinen Tag sehen sollte. Er sah ihn und freute sich« (Joh 8,56). Denn wie heißt es in der Schrift?

»Abraham glaubte Gott, und das wurde ihm als Gerechtigkeit angerechnet« (Röm 4,3; Gen 15,6), erstens nämlich der Glaube, daß er, der Schöpfer des Himmels und der Erde, allein Gott ist, ferner, daß er seine Nachkommen wie die Sterne am Himmel machen würde. Paulus hat es so gesagt: »Wie ihr als Sterne in der Welt leuchtet« (Phil 2,15).

Mit Recht ließ Abraham seine ganze irdische Verwandtschaft zurück und folgte dem Wort Gottes, war zusammen mit dem Wort ein Fremdling, um beim Wort zu bleiben. Mit Recht ließen auch die Apostel, die ihre Herkunft von Abraham ableiteten, »das Schiff und den Vater zurück« (Mt 4,22 par) und folgten dem Wort (Logos) nach. Mit Recht nehmen aber auch wir, die denselben Glauben haben, wie Abraham ihn hatte, das Kreuz auf uns wie Isaak das Holz (vgl. Gen 22,6) und folgen ihm nach (vgl. Mk 8,34 par). In Abraham hatte der Mensch nämlich früher schon gelernt und sich daran gewöhnt, dem Wort Gottes nachzufolgen.

Die Beziehung Abrahams zu Gott ist eine Beziehung zum Wort Gottes, wie Irenäus immer wieder betont. Vielleicht wird deutlicher, wie Irenäus AT und NT in diesem Abschnitt zusammenbringt, wenn wir die zitierten oder angedeuteten Stellen einander gegenüberstellen:

Gen 15

AT	NT
	Ich bin die Auferstehung und das Leben. (Joh 11,25)
An die Stelle deiner Väter treten deine Söhne. (Ps 45,17)	Sie können nicht mehr sterben, weil sie Söhne Gottes und Söhne der Auferstehung geworden sind. (Lk 20,36)
Ich bin der Gott Abrahams, Isaaks und Jakobs. (Ex 3,6)	Für ihn sind alle lebendig. (Lk 20,38 griech.)
	Euer Vater Abraham jubelte, weil er meinen Tag sehen sollte. Er sah ihn und freute sich. (Joh 8,56)
Abram glaubte dem Herrn, und der Herr rechnete es ihm als Gerechtigkeit an. (Gen 15,6)	Abraham glaubte Gott, und das wurde ihm als Gerechtigkeit angerechnet. (Röm 4,3)
Sieh doch zum Himmel hinauf, und zähl die Sterne, wenn du sie zählen kannst. Und er sprach zu ihm: So zahlreich werden deine Nachkommen sein. (Gen 15,5)	Kinder Gottes ohne Makel mitten in einer verdorbenen und verwirrten Generation, unter der ihr als Lichter in der Welt leuchtet. (Phil 2,15)
Der Herr sprach zu Abram: Zieh weg von deiner Verwandtschaft. (Gen 12,1)	Sogleich verließen sie das Boot und ihren Vater. (Mt 4,22)
Abraham nahm das Holz für das Brandopfer und lud es seinem Sohn Isaak auf. (Gen 22,6)	Wer mein Jünger sein will, der verleugne sich selbst, nehme sein Kreuz auf sich und folge mir nach. (Mk 8,34)

Irenäus betont die Kontinuität von AT und NT, weil er gegen den Dualismus gnostischer Häretiker kämpft, die den Gott des AT und des NT als verschiedene Götter ansehen. Heute würde man eher von verschiedenen Gottesbildern und Gottesvorstellungen sprechen. Irenäus in seiner konsequenten Glaubenssicht erkennt im AT die Wirklichkeit Christi, weil er Gott von Anfang an als den dreifaltigen Gott glaubt und versteht. Dabei kümmert er sich nicht um die Entwicklung, die sich in der menschlichen Erfahrung mit Gott vollzieht. Gott, der eine und dreifaltige, ist der Ursprung der Offenbarung und deshalb auch der Schrift des AT und NT. Es geht um eine und dieselbe Offenbarung, in der Gott sich selber mitteilt durch sein einziges Wort, seinen Sohn Jesus Christus.

In dem zitierten Text ruft Irenäus zunächst die Argumentation Jesu selbst in Erinnerung, der bei der Frage nach der Auferstehung die Patriarchen nennt, die deshalb lebendig sein müssen, weil Gott sich als ihren Gott bezeichnet. In diesem Zusammenhang spricht Jesus von den »Söhnen der Auferstehung« (Lk 20,36 griech.). Da er selbst »die Auferstehung und das Leben ist« (Joh 11,25), sind die Patriarchen geistig gesehen seine Söhne, obwohl sie der leiblichen Abstammung nach seine Väter sind. Daß die Söhne an die Stelle der Väter treten, bezeugt das Psalmzitat.

Weil Abraham den vollen Glauben hatte, der ihn vor Gott richtig machte, glaubte er nicht nur, daß er in Isaak Nachkommen erhalten sollte, sondern er glaubte auch schon an Jesus Christus, seinen einzigartigen Nachkommen, in dem er die unendlich vielen Kinder der Verheißung bekommen sollte. Die Nachkommen sollen den Sternen gleichen, verheißt Gott. Die Erfüllung dieser Verheißung erkennt Irenäus im Wort des Paulus, der die Christen mit den Sternen vergleicht.

Der dritte Abschnitt vergleicht dann die Nachfolge Abrahams mit der Nachfolge der Apostel. Alle folgen dem Wort Gottes, Abraham der Stimme Gottes im AT, die Apostel dem fleischgewordenen Wort Gottes in Jesus Christus.

Irenäus, Gegen die Häresien 4,5,5:
Da Abraham also ein Prophet war und im Geiste den Tag der Ankunft des Herrn und die Heilsordnung seiner Passion sah, durch die er selbst und auch alle anderen, die so glauben, wie er Gott

geglaubt hat, gerettet werden, da jubelte er laut. Also war der Herr dem Abraham, der seinen Tag zu sehen begehrte, nicht unbekannt; aber auch der Vater des Herrn war es nicht, denn er, Abraham, hatte Gott vom Wort (Logos) kennengelernt, und er glaubte ihm, was ihm darum auch vom Herrn als Gerechtigkeit angerechnet wurde (vgl. Gen 15,6).

Irenäus, Gegen die Häresien 4,7,1:
Auch Abraham, der den Vater, »welcher Himmel und Erde gemacht hat« (vgl. Gen 14,22), vom Wort kennenlernte, bekannte ihn als Gott. Durch ein anschauliches Bild wurde er darüber belehrt, daß der Sohn Gottes als Mensch unter den Menschen leben werde und durch seine Ankunft seine Nachkommen so (zahlreich) sein würden wie die Sterne am Himmel (vgl. Gen 22,17). Da wünschte er, den Tag zu sehen, um auch selbst Christus zu umarmen, und da er ihn durch den Geist prophetisch sah, jubelte er (vgl. Joh 8,56).

Irenäus ist davon überzeugt, daß Abraham und die Propheten Gott begegnen und ihn erkennen durch Christus, weil dieser sein Wort und seine Selbstmitteilung ist. Abraham sah die Sterne am Himmel, das war das Bild, das Gott ihm zeigte, um ihm die Menge seiner Nachkommen vor Augen zu führen. In diesem Bild konnte Abraham schon die Entwicklung der Heilsgeschichte schauen, sich an der Menschwerdung des Wortes freuen und die Menge der an Christus Glaubenden im voraus erkennen. Das scheint unmöglich, wenn wir vom menschlichen Bewußtsein ausgehen, das normalerweise zu einer solchen Zukunftsschau nicht fähig ist. Irenäus spricht aber aufgrund des Glaubens; er folgert, daß die Patriarchen und Propheten Gott nahe waren, weil sie von seinem Geist erfüllt waren und deshalb seinen Plan mit den Menschen erkennen konnten.

Abrahams Glaube und unser Glaube

Aufgrund von Gen 15,6: »Abram glaubte dem Herrn, und der Herr rechnete es ihm als Gerechtigkeit an«, wird der rechtfertigende Glaube der Christen bei Paulus mit dem Glauben Abrahams gleichgesetzt.

Irenäus, Gegen die Häresien 4,21,1:
Unser Glaube ist in Abraham vorweg dargestellt worden; er war der Patriarch unseres Glaubens und sozusagen sein Prophet. Das hat der Apostel im Galaterbrief sehr ausführlich klargemacht, wo er sagt: »Der euch also den Geist gibt und Wunderkräfte in euch wirkt, tut er das aufgrund der Werke des Gesetzes oder aufgrund des Glaubens aus dem Hören? Das ist der Glaube, wie Abraham an Gott glaubte, und es wurde ihm als Gerechtigkeit angerechnet. Begreift also, daß diejenigen, die aus dem Glauben sind, Abrahams Kinder sind. Weil die Schrift aber zuvor schon sah, daß Gott die Völker aufgrund des Glaubens gerecht macht, tat sie dem Abraham kund, daß in ihm alle Völker gesegnet werden sollten. Darum werden die, die aus dem Glauben sind, zusammen mit dem gläubigen Abraham gesegnet« (Gal 3,5-9). Darum hat er ihn nicht nur den Propheten des Glaubens genannt, sondern auch den Vater derer, die aus den Völkern zum Glauben an Christus Jesus kommen, und zwar deshalb, weil sein Glaube und unser Glaube ein und derselbe sind. Weil es sich um die Verheißung Gottes handelte, glaubte er an die künftigen Dinge so, als wären sie schon eingetroffen; und auch wir halten, weil es sich um die Verheißung Gottes handelt, ganz genau so aufgrund des Glaubens Ausschau nach dem Erbe im Reich.

Glaube ist die Beziehung zu Gott, die dem Menschen ermöglicht, die Pläne und Gedanken Gottes aufzunehmen und zu verstehen. Bei dieser Begriffsbestimmung ist vorausgesetzt, was für die Kirchenväter allgemein gilt, daß die Wirklichkeit Gottes uns in der Tat berührt, vor allem im Wort der Schrift. Angesichts dieser Tatsache ist der menschliche Denkhorizont, der sich beständig im Lauf der Geschichte wandelt, nebensächlich. Darum geht es beim Verstehen der Schrift letztlich um die Berührung mit Gott, um die geistige Deutung, die diese Berührung sucht. Beispielhaft und vorbildlich ist sie im NT, vor allem beim Apostel Paulus zu finden. Deshalb kann Irenäus sich ihm anschließen und von der Identität des Glaubens bei Abraham und bei den Christen reden. Glaube ist immer auch Hoffnung, weil das Wort Gottes immer auch Verheißung ist. Abraham war auf die Erfüllung der Verheißungen Gottes ausgerichtet, und die Christen als seine Nachkommen sind es auch. Er glaubt an die Erfüllung der Nachkommensverheißung, wir glauben, daß wir das Reich Gottes erben werden.

Gen 15

Das Opfer der verschiedenen Tiere

In Gen 15 ist von einer Offenbarung des Herrn an Abraham die Rede und von dem Opfer, das er auf Geheiß Gottes darbringen soll. Mit dem Opfer besiegelt Gott seinen Bund mit ihm. Zu diesem Teil des Kapitels ist eine Predigt des Cäsarius von Arles überliefert. In ihr sind ältere Traditionen enthalten, aber man spürt auch die spätere Zeit, in der die Kirche schon selbstverständlich eine Kirche der Heidenvölker geworden ist. Zuerst erklärt Cäsarius, was die einzelnen Opfertiere bedeuten:

Cäsarius von Arles, Sermo 82:
Was dieser Text bedeutet, möchten wir euch nahebringen, meine lieben Brüder, soweit der Herr es uns eingab. Der heilige Abraham wurde vom Herrn als »Vater vieler Völker« (Gen 17,5) bezeichnet. Denn alle Völker, die an Christus glauben und an ihn glauben werden, sind Kinder Abrahams, weil sie seinen Glauben nachahmen, nicht weil sie fleischlich von ihm abstammen. Sie haben die Würde erlangt, Kinder Abrahams zu werden, sofern sie nur fest an Christus glauben. Also stellten das dreijährige Rind, der dreijährige Widder, die dreijährige Ziege, die Turteltaube und die Haustaube im Vorbild alle Heidenvölker dar. Es ist die Rede von drei Jahren, weil alle Völker an das Mysterium der Dreifaltigkeit glauben sollten.

Der Hinweis zur Erklärung der Dreizahl scheint eine ziemlich willkürliche Deutung zu sein. Wenn man aber bedenkt, daß es um den Glauben Abrahams geht und den Bund mit Gott, in den alle seine Nachkommen einbezogen werden, dann wird der Sinn dieses Opfers klar. Gott will mit ihm dem Abraham ein Zeichen geben. So kann man verstehen, daß die Opfertiere, die Gott annimmt, stellvertretend für die Nachkommen Abrahams stehen. Alle dazwischenliegenden Schritte läßt Cäsarius weg. Er erklärt nur, warum die Opfertiere dreijährig sein sollen. Der Glaube der Heidenvölker soll bis zu seiner Fülle heranwachsen, bis zum Glauben an die Dreifaltigkeit.

Die gesamte katholische Kirche besteht jedoch nicht nur aus geisterfüllten Menschen, sondern auch aus fleischlich gesinnten. Sie sagen zwar, daß sie an die Dreifaltigkeit glauben, sind aber dennoch fleischlich gesinnt, da sie nicht wirklich alle Verbrechen und Sünden meiden. Weil es neben den fleischlich gesinnten aber auch geisterfüllte Menschen gibt, werden die Turteltaube und die Haustaube hinzugefügt. Mit der Turteltaube und der Haustaube können die geisterfüllten Menschen bezeichnet werden, unter den drei anderen Tieren kann man die fleischlich gesinnten Menschen verstehen. Gebt gut darauf acht, daß von Abraham gesagt wird, er habe die drei Tiere in Hälften geteilt und einander gegenüber gelegt. »Die Vögel teilte er nicht« (Gen 15,10), sagt die Schrift. Warum das, Brüder? Weil in der Kirche die fleischlich Gesinnten geteilt sind, die Geisterfüllten aber nicht. Warum sind die fleischlich gesinnten Menschen geteilt und einander entgegengesetzt? Weil alle ausschweifenden Menschen, die die Welt lieben, unaufhörlich Spaltungen und Ärgernisse gegeneinander erregen. Sie sind also geteilt, weil sie sich gegenseitig bekämpfen. Die Vögel aber, das heißt die geisterfüllten Menschen, sind nicht geteilt. Warum nicht? Weil sie ein Herz und eine Seele mit dem Herrn sind, ist in ihnen ein einziges Wollen und Nichtwollen. Sie sind jenen Vögeln ähnlich, von denen wir oben sprachen, der Turteltaube und der Haustaube. Mit der Turteltaube wird die Keuschheit, mit der Haustaube die Einfachheit bezeichnet. Denn alle in der Kirche, die Gott fürchten, erweisen sich als keusch und einfach. Sie können mit dem Psalmisten sagen: »Wer gibt mir Flügel wie eine Taube, so daß ich fliege und Ruhe finde« (Ps 55,7), und an einer anderen Stelle: »Die Turteltaube findet ein Nest, um ihre Jungen zu bergen« (Ps 84,4).

Und wie die fleischlich gesinnten Menschen, die geteilt werden können, von den schweren Fesseln der Laster in dieser Welt niedergedrückt werden, so werden die geisterfüllten Menschen von den Flügeln der verschiedenen Tugenden in die Höhe gehoben. Wie von zwei Flügeln, nämlich den zwei Geboten der Gottes- und Nächstenliebe werden sie emporgetragen und können mit dem Apostel sagen: »Unser Wandel ist im Himmel« (Phil 3,20). Sooft der Priester spricht: Erhebet die Herzen, sagen sie zuversichtlich und gläubig, sie hätten sie beim Herrn. Das ist etwas, was nur sehr wenige in der Kirche vertrauensvoll und wahrhaftig sagen können. Deshalb also teilte Abraham die Vögel nicht, weil die Geisterfüllten, die, wie ich sagte, ein Herz und eine Seele sind, von der Liebe zu Gott und zum Nächsten nicht getrennt werden können, sondern mit dem Apostel rufen: »Wer wird uns scheiden von der Liebe Christi? Bedrängnis oder Not oder

Verfolgung« (Röm 8,35), usw. bis zu der Stelle, wo es heißt: »noch irgendeine andere Kreatur können uns scheiden von der Liebe Gottes, die in Christus Jesus, unserem Herrn, ist« (Röm 8,39). Die geisterfüllten Menschen können also nicht einmal durch Qualen von Christus getrennt werden, die fleischlich Gesinnten trennt zuweilen schon überflüssiges Geschwätz von ihm. Die einen lassen sich auch durch das grausame Schwert nicht von ihm trennen, die anderen dagegen durch fleischliche Begierden. Die Geisterfüllten werden durch harte Umstände nicht gebrochen, die fleischlich Gesinnten aber durch Annehmlichkeiten verdorben. Abraham teilte also die Tiere in zwei Teile, die Vögel aber zerteilte er nicht.

Alle Glaubenden werden in den Opfertieren gesehen, die Abraham beim Bundesschluß mit dem Herrn darbringt. Gemeint sind auch alle Glaubenden des Neuen Bundes, die Abrahams Nachkommen sind. Christsein heißt Opfergabe sein, Gott dargebracht werden. Das ist ein paulinischer Gedanke: Paulus verkündet das Evangelium mit dem Ziel, die Heidenvölker zu einer Opfergabe für Gott zu machen (vgl. Röm 15,16). Er kann das so sagen, weil jeder Glaubende in Beziehung zu Gott tritt, und diese Beziehung wird voll realisiert, wenn Gott ihn in Besitz nimmt.

Cäsarius hat zunächst erklärt, warum die Tiere dreijährig sein sollen. Er hat die Unterschiedlichkeit der Tiere gedeutet und warum die einen geteilt, die anderen aber ganz gelassen werden. Cäsarius betrachtet die Unterschiedlichkeit der glaubenden Menschen in der Kirche, die dadurch bestimmt wird, daß der Glaube in unterschiedlicher Weise ihr Leben bestimmt. Nur anfanghaft vom Glauben geprägt sind die fleischlich gesinnten Menschen – Cäsarius benutzt hier paulinische Terminologie –, das Ziel des Glaubens ist, ganz vom Geist erfüllt und damit Christus ganz ähnlich zu werden.

Die Beschreibung der unterschiedlichen Stadien des Glaubens ist einprägsam und hilft glaubenden Menschen zu allen Zeiten. Man beachte die verschiedenen Schriftstellen, die Cäsarius heranzieht, um die Symbolik der Vögel zu erklären (dabei werden Psalmen zitiert), und die Wesensart des Glaubens, die von Paulusstellen charakterisiert wird.

Es bleibt die Frage, was das Feuer bei diesem Opfer bedeutet, warum man mit Opfer daher auch immer Vernichtung assoziiert.

Seht, Brüder, es heißt, daß jenes Feuer zwischen den Stücken hindurchfuhr (vgl. Gen 15,17); davon, daß es auch die Turteltaube und die Haustaube berührt hat, lesen wir nichts. Jener Abend bedeutet das Weltende; die Tiere nehmen, wie wir schon sagten, alle an Christus glaubenden Heidenvölker im Bild vorweg.

Weil jedoch die Völker nicht nur aus geisterfüllten, das heißt nicht nur aus guten, sondern auch aus bösen Menschen bestehen, werden die Tiere geteilt und das Feuer fährt durch sie hindurch. Das entspricht dem, was der Apostel sagt: »Der Tag wird es sichtbar machen, weil es im Feuer offenbart wird« usw. (1 Kor 3,13). Der brennende und rauchende Ofen und die lodernden Fackeln bedeuten den Tag des Gerichtes, und deshalb legen sich Furcht und unheimliche Angst auf Abraham. Von daher verstehen wir die Aussage: »Wenn der Gerechte kaum gerettet wird, wo wird man dann die Sünder und Frevler finden?« (1 Petr 4,18) Der brennende und rauchende Ofen bedeutet also den Tag des Gerichtes, an dem es Heulen und Zähneknirschen, an dem es Wehegeschrei, Klagen und zu späte Umkehr gibt. Dann werden die Fundamente der Berge erschüttert, und Feuer wird die Erde bis zur tiefsten Unterwelt verzehren, wie der Apostel Petrus sagt: »Die Himmel werden sich in Feuer auflösen, und die Elemente werden im Brand zerschmelzen« (2 Petr 3,12). Und der Herr selbst sagt im Evangelium: »Auch die Kräfte des Himmels werden erschüttert werden, wenn die Sonne sich verfinstert, wenn der Mond sein Licht nicht mehr gibt und die Sterne vom Himmel fallen« (Mt 24,29). Wo werden sich dann die Frevler wiederfinden, wo die Ehebrecher, die Trinker und die Verleumder? Wo werden die Verschwender, die Räuber, wo die Stolzen und die Neidischen sein? Was werden die Unglücklichen zu ihrer Verteidigung vorbringen, die so oft ermahnt wurden und die jener Tag dennoch unvorbereitet findet? Wenn bei der Posaune des Erzengels (vgl. 1 Thess 4,16), die lauter schallt als jede andere Trompete, die ganze Welt zugleich zu dröhnen beginnt, wenn, wie der Prophet sagt, der Herr kommt, »um die Erde zur Wüste zu machen und die Sünder auf ihr zu vertilgen« (Jes 13,9), wenn, wie die Schrift sagt, die Sünder und Frevler in den Feuersee geworfen werden (vgl. Offb 21,8) »und der Rauch von ihrer Peinigung aufsteigt in alle Ewigkeit« (Offb 14,11), welche Angst, welche Finsternis, welche Dunkelheit wird dann die Verbrecher, die Nachlässigen und die Lauen beherrschen?

Damit nicht auch wir zu jener Seelenqual gelangen, laßt uns aufwachen, solange es noch Zeit ist, sich zu bessern. Laßt uns nach dem Willen unseres Herrn wie gute und eifrige Diener fragen. Wenn jener Gerichtstag kommt, der furchtbar ist und selbst bei den Guten großes Entsetzen hervorruft und den der brennende und rauchende Ofen bezeichnet hat, wollen wir nicht mit den fleischlich gesinnten Menschen, die durch verschiedene miteinander streitende Genüsse geteilt sind, durch die strafenden Flammen in der Hölle gequält werden. Sie wurden ja durch die Tiere dargestellt. Vielmehr wollen wir, indem wir die Einfachheit der Taube und die Keuschheit der Turteltaube vorziehen, zusammen mit den geisterfüllten Menschen erhoben werden auf den Flügeln der Tugenden. Denn der Apostel sagt: »Wir werden zusammen auf den Wolken in die Luft entrückt, dem Herrn entgegen. Dann werden wir immer beim Herrn sein« (1 Thess 4,17). Er, unser Herr Jesus Christus, möge das gewähren. Ihm ist die Ehre und die Herrlichkeit mit dem Vater und dem Heiligen Geist in alle Ewigkeit. Amen.

Das Feuer Gottes nimmt das Opfer an. Es ist das Gerichtsfeuer, das alle erfaßt, die sich im Glauben Gott nahen. Cäsarius geht darauf sehr ausführlich ein; mit verschiedenen Schriftstellen verdeutlicht er, was das Gericht Gottes bedeutet. Offenbar braucht er in seiner Zeit noch keine Angst davor zu haben, daß diese Botschaft mißverstanden würde. Die Väter sind sich darin einig, daß die Verkündigung vom Gericht Gottes ernst zu nehmen ist und nicht verschwiegen werden darf. Daraus können wir schließen, daß es den Menschen, die in den ersten Jahrhunderten der christlichen Zeitrechnung lebten, eine wesentliche Frage bedeutete, wie sie gerettet werden könnten aus dem Verderben, das allen drohte, anders ausgedrückt: wie sie im göttlichen Gericht bestehen könnten. Wenn wir das so formulieren, merken wir, wie sehr ihr Verständnis dem biblischen Denken nahe ist. Vor allem wird die Botschaft vom Gericht verkündet, um die Menschen aus ihrer Nachlässigkeit aufzurütteln und sie auf den Ernst der Lage aufmerksam zu machen. Der ganze letzte Teil der Predigt ist diesem Anliegen gewidmet.

Zu Gen 17

Zu diesem Kapitel gibt es eine Predigt des Origenes, die in Auszügen hier wiedergegeben werden soll. Die nicht wörtlich wiedergegebenen Teile werden paraphrasiert.

Gottes Wort an Abraham

Gott spricht zu Abraham, wie es schon in Kap. 12 und 15 berichtet wurde. In Kap. 17 wird dasselbe noch einmal wiederholt und verstärkt, wenn davon die Rede ist, daß Gott erscheint, um mit Abraham zu sprechen. Damit tritt er in eine Beziehung zu ihm ein, die zum Bund wird. Origenes weiß, welche Schwierigkeit die Menschen insgesamt bei der Aussage über eine Beziehung Gottes zum Menschen empfinden. Daher artikuliert er zuerst diese Schwierigkeit, die seine Zuhörer offenkundig ebenso wie die heutigen Menschen haben. Wie kann man sich überhaupt vorstellen, daß Gott mit einem Menschen redet? Hat er denn die Glieder des Körpers, die beim Menschen vorhanden sein müssen, wenn er sprechen will? Kann man bei Gott von einem Mund, einer Zunge usw. sprechen? Das ist doch wohl eine allzu menschliche Vorstellung. Aber andererseits, wenn man nur den Gott der Philosophen gelten läßt, dann ist er ganz getrennt von der Welt des Menschen und hat nichts mehr mit ihr zu tun. Dann ist die Vorstellung, er spreche zum Menschen, entweder sehr naiv oder nur eine bildliche und poetische Ausdrucksweise. In dieser Spannung stehen wir und können sie auf denkerischem Weg nicht lösen. Die Schrift betont beides: Gott ist Geist und damit für uns Menschen unfaßbar, und er kümmert sich um alle Einzelheiten unseres irdisch körperlichen Daseins. Origenes weiß und will das auch deutlich machen, daß hier ein Glaubensakt zu leisten ist.

Origenes, Homilien zum Buch Genesis 3:

Wie wir bekennen, daß Gott unkörperlich ist und allmächtig und unsichtbar, so bekennen wir auch als zuverlässige und unumstößliche Lehre, daß er sich um alles Vergängliche kümmert und daß nichts ohne seine Vorsehung geschieht weder im Himmel noch auf der Erde.

Wenn wir also bekennen, daß Gott nach allem sieht und über allem waltet, folgt daraus, daß er auch kundtut, was er will beziehungsweise was dem Menschen nützlich ist. Wenn er das nämlich nicht täte, würde er nicht nach dem Menschen sehen, und man könnte nicht annehmen, daß er sich um das Vergängliche kümmert.

An welchen Gott glauben wir? Damit greift Origenes die Grundfrage jedes religiösen Menschen auf. In der Antike wurde sie an der Frage nach der Vorsehung Gottes festgemacht, an der Frage nach seinem Eingreifen in die Geschicke der Welt und jedes einzelnen Menschen. Wir müssen uns entscheiden: Wenn Gott nichts mit unserem Leben zu tun hat, können wir auch nicht an seine Offenbarung in der Schrift glauben. Wir müssen uns also darüber klar werden, daß wir an den Gott glauben, der spricht und handelt, und zwar auf eine uns Menschen erkennbare Weise. Dieser Glaubensakt wird von uns verlangt, wenn wir die Schrift als Wort Gottes aufnehmen wollen. Der biblische Gott kümmert sich um die Menschen und greift in ihr Leben ein.

Gott spricht wirklich. Das hat die Konsequenz, daß Menschen verstehen und begreifen können, was er von ihnen will. Der biblische Gott ist ein Gott, der daran interessiert ist, was der Mensch tut. Wie aber tut er seinen Willen kund? An der Art, wie Origenes solchen Fragen nachgeht, erkennt man, daß er philosophisch geschult ist. Er weiß um die Schwierigkeit der Anthropomorphismen in der Bibel und erklärt sie folgendermaßen:

Gott redet offenbar zum Menschen dadurch, daß er einem jeden Heiligen im Herzen etwas eingibt oder den Laut einer Stimme an ihr Ohr dringen läßt. So sagt er, um kundzutun, daß ihm das Sprechen und Tun eines jeden Menschen bekannt ist, er habe es gehört. Um zu zeigen, daß wir Unrecht getan haben, sagt er, er zürne. Wenn er uns anklagt, daß wir seine Gaben nicht dankbar annehmen, sagt er, daß es ihn reue. Dies zeigt er also durch Äußerungen, wie sie bei Menschen üblich sind, aber er tut es nicht mit körperlichen Gliedern.

Wie redet Gott zum Menschen, wenn er nicht mit körperlichen Gliedern spricht? Muß man Gottes Sprechen so verstehen, wie wir Menschen sprechen? Origenes bedenkt diese Frage bis ins Detail.

Er erklärt, daß Gott auch ohne Worte seinen Willen den Menschen kundtun kann, aber er tut es dann so, daß er den Geist der Propheten erleuchtet, so daß sich in ihnen Worte formen. Was damit deutlich wird, ist, daß Gott sich verstehbar äußert. Wir können wirklich vom Wort Gottes sprechen, das er dem Menschen zuteil werden läßt. Mit dieser Voraussetzung beginnt die Predigt über die Bundesgeschichte Gottes mit Abraham.

Namensänderung

Die Schrift erzählt, daß Abrams Name von Gott geändert wurde, um so anzudeuten, daß Gott in eine neue Beziehung zu ihm eintritt. Denn durch den Namen wird die Beziehung gekennzeichnet. Namen und daher auch Namensänderungen haben in der Schrift eine tiefe Bedeutung; oft wird das Wesen eines Menschen oder auch eines Ortes durch den Namen gekennzeichnet (vgl. z.B. *Origenes*, Predigt zu Josua 23,4). Es gehörte zur Zeit der Kirchenväter zur exegetischen Arbeit, auf die Entstehung und Bedeutung der Namen einzugehen.

Auf jeden Fall wird berichtet, daß die erste Offenbarung des Herrn vor der Namensänderung an Abram erging: »Zieh weg aus deinem Land und von deiner Verwandtschaft und aus deinem Vaterhaus« usw. (Gen 12,1). Aber es wird hier noch nichts mit Bezug auf den Bund mit Gott, nichts über die Beschneidung angeordnet. Denn so lange er noch Abram war und den Namen seiner natürlichen Abstammung trug, konnte er den Bund Gottes und das Zeichen der Beschneidung nicht empfangen. Als er aus seinem Land und von seiner Verwandtschaft weggezogen war, da ergingen nach dem Bericht der Schrift Offenbarungen an ihn, die ihn enger an Gott banden. Zunächst wird ihm gesagt: »Man wird dich nicht mehr Abram nennen, Abraham wirst du heißen« (Gen 17,5). Damals hat er auch den Bund Gottes und als Siegel des Glaubens die Beschneidung empfangen (vgl. Röm 4,11); dies konnte er nicht empfangen, solange er noch im Haus seines Vaters und bei seinen fleischlichen Verwandten war und solange er noch Abram genannt wurde.

Gottes Beziehung zu Abram ist eine andere als zu Abraham, was durch die unterschiedlichen Verheißungen an Abram und an Abraham deutlich wird. Der Unterschied zwischen den Verheißungen Gottes an Abram und an Abraham liegt vor allem in ihrer Intensität. Gott bindet Abraham enger an sich.

Ein Zeichen für das Wachstum in der Gottesbeziehung wird auch durch das Lebensalter gegeben. Wie für das biblische Denken war es auch für das Denken der Kirchenväter selbstverständlich, ein fortgeschrittenes Alter als Zeichen von Weisheit zu interpretieren. Als Gott seinen Bund mit Abraham schloß, war dieser nicht mehr jung, sondern schon vorgerückten Alters. Das soll man nicht nur körperlich verstehen, sondern als ein Urteil über seine geistige und geistliche Reife.

Die Beschneidung als Bundeszeichen

Beim Bundesschluß Gottes mit Abraham setzt uns vor allem das Bundeszeichen in Erstaunen, das Gott anordnet, nämlich die Beschneidung. Origenes nennt sie in seiner Predigt das Siegel des Glaubens. Wie ein Siegel eine Urkunde rechtskräftig macht, so macht die Beschneidung den Glauben und die Beziehung zu Gott rechtskräftig. Sie zeigt auch nach außen hin an, daß der betreffende Mensch im Bund mit Gott steht. Warum aber hat Gott gerade dieses Zeichen gewählt?

Ich will untersuchen, ob der allmächtige Gott, der Herrscher über Himmel und Erde, als er mit dem heiligen Mann einen Bund schließen wollte, wirklich als Hauptsache dieses so großen Geschehens festsetzte, daß Abraham und seine Nachkommen am Fleisch ihrer Vorhaut beschnitten wurden. »Denn mein Bund wird an eurem Fleisch sein« (Gen 17,13). War es also dies, was »der Herr des Himmels und der Erde« (Gen 24,3) ihm, den er als einzigen von allen Sterblichen erwählt hatte, als Geschenk des ewigen Bundes zukommen ließ?

Mit dem wörtlichen Sinn kann man sich nicht zufrieden geben. Es scheint Gottes nicht würdig, ein solches Bundeszeichen zu geben. Das ist ein Kriterium für die Auslegung, das Origenes oft anwendet. Meint er damit ein subjektives Gefühl? Jedenfalls kann man dieses Kriterium nicht objektiv fassen. Es sagt auch noch nichts über die Auslegung, sondern veranlaßt nur, die geistige Deutung zu suchen.

Belehrt vom Apostel Paulus, sagen wir also: Wie vieles andere als Bild und Gleichnis der zukünftigen Wahrheit geschah (vgl. 1 Kor 10,11), so war auch die fleischliche Beschneidung ein Bild für die geistige. Und es war würdig und der Hoheit Gottes angemessen, daß er den Sterblichen ihretwegen Gebote gab. Hört also, wie Paulus, »der Lehrer der Heiden im Glauben und in der Wahrheit« (1 Tim 2,7), die Kirche Christi über das Mysterium der Beschneidung belehrt.

Maßgeblich für die geistige Auslegung ist, wie Origenes immer betont, der Apostel Paulus, der das Alte Testament grundsätzlich als Hinweis auf das Christusgeschehen versteht. Zwar hat er nicht viele alttestamentliche Texte geistig ausgelegt und gedeutet, aber die wenigen Beispiele, die man bei ihm findet, sind für alle späteren Ausleger richtungweisend. Bei Paulus muß man also Hilfe holen, um die tiefere Bedeutung der Beschneidung zu verstehen. Er deutet sie im übertragenen Sinn: Die Beschneidung am Fleisch ist Hinweis auf eine größere Wirklichkeit. Die wirkliche Beschneidung spricht er dem neuen Volk Gottes zu, am deutlichsten im Römerbrief: »Jude ist nicht, der es nach außen hin ist, und Beschneidung ist nicht, was sichtbar am Fleisch geschieht, sondern Jude ist, wer es im Verborgenen ist, und Beschneidung ist, was am Herzen durch den Geist, nicht durch den Buchstaben geschieht« (Röm 2,28f).

Auch im Alten Testament gibt es schon das geistige Verständnis der Beschneidung, wie manche Prophetenworte bezeugen, so z.B.: »Kein Fremder, der unbeschnitten ist am Herzen und unbeschnitten am Körper, darf mein Heiligtum betreten« (Ez 44,9), und: »Alle Fremden sind unbeschnitten am Körper, die Söhne Israels aber sind unbeschnitten am Herzen« (Jer 9,25). Wie soll man also die Beschneidung im geistigen Sinn verstehen? Jeremia spricht ja von unbeschnittenen Ohren (vgl. Jer 6,10) und Mose von unbeschnittenen Lippen (vgl. Ex 6,12 hebr.). Solche Stellen kann man nicht im wörtlichen Sinn verstehen. Darum fordert Origenes das Volk Gottes auf:

Du Volk Gottes, Volk zu seinem Eigentum erwählt, um die großen Wundertaten des Herrn zu verkünden (vgl. 1 Petr 2,9), empfangt die angemessene Beschneidung durch das Wort Gottes an den Ohren, den Lippen, am Herzen, an der Vorhaut eures Fleisches und überhaupt an all euren Gliedern.

Denn eure Ohren sollen gemäß dem Wort Gottes beschnitten sein, damit sie nicht verleumderische Worte, üble Nachreden und Lästerungen, falsche Beschuldigungen, Lügen und Verlockungen hereinlassen. Sie sollen verriegelt und verschlossen sein, »um nicht auf einen Mordplan zu hören« (Jes 33,15) oder sich schmutzigen Liedern, die im Theater gesungen werden, zu öffnen. Sie sollen nichts Unanständiges aufnehmen, sondern sich von jedem zuchtlosen Gerede fernhalten. Das ist die Beschneidung, mit der die Kirche Christi die Ohren ihrer Kinder beschneidet. Ich glaube, solche Ohren forderte der Herr bei seinen Zuhörern, als er sagte: »Wer Ohren hat zu hören, der höre« (Mt 13,9). Denn niemand kann mit unbeschnittenen, unreinen Ohren die reinen Worte der Weisheit und der Wahrheit hören.

In der gleichen Art muß man auch die Beschneidung der Lippen verstehen. Die Beschneidung am Geschlechtsglied, auch sie muß geistig verstanden werden, bedeutet die Indienstnahme des Geschlechtlichen durch Gott. Ganz und gar beherrscht Gott den Leib des Menschen, wie Paulus ausführt, wenn jemand begreift, daß er nicht mehr sich selbst gehört, sondern dem, der sein Leben für ihn eingesetzt hat (vgl. 1 Kor 6,19f). Die Beschneidung am Geschlechtsglied ist, wie Origenes es sieht, ein Hinweis auf die Keuschheit und Jungfräulichkeit. In vollem Ausmaß ist sie erst in den Gliedern des neuen Volkes Gottes, der Kirche, verwirklicht.

Das jungfräuliche Leben der Braut Christi blüht in den keuschen und reinen Jungfrauen, an ihnen ist die wahre Beschneidung der Vorhaut vollzogen. Der Bund Gottes, der ewige Bund wird in Wahrheit an ihrem Fleisch bewahrt.

Jetzt bleibt uns noch, über die Bedeutung der Beschneidung des Herzens zu sprechen. Wenn jemand brennt von ungehörigem Verlangen und häßlichen Begierden und, um es kurz zu sagen, im Herzen Ehebruch begeht (vgl. Mt 5,28), dann ist er unbeschnitten am Herzen (vgl. Ez 44,9). Aber auch wer häretische Ansichten in sein Denken aufnimmt und gotteslästerliche Behauptungen, die der Erkenntnis Christi widerstreiten, in seinem Herzen aufstellt, auch der ist unbeschnitten am Herzen. Wer aber den unverfälschten Glauben mit lauterem Gewissen bewahrt, der ist am Herzen

beschnitten. Von ihm kann man sagen: »Selig, die reinen Herzens sind, denn sie werden Gott schauen« (Mt 5,8).
Ich glaube, daß der Apostel das meint, wenn er sagt: »Wie ihr eure Glieder in den Dienst der Sünde gestellt habt, so daß ihr sündig wurdet, so stellt jetzt eure Glieder in den Dienst der Gerechtigkeit, so daß ihr heilig werdet« (Röm 6,19). Solange unsere Glieder nämlich der Sünde dienten, waren sie nicht beschnitten und hatten keinen Anteil am Bund Gottes. Als sie aber in den Dienst der Gerechtigkeit traten, so daß wir heilig wurden, da wurde an ihnen die Verheißung, die an Abraham ergangen war, erfüllt. Da wurde nämlich das Gesetz Gottes und sein Bund an ihnen erkennbar. Dieses Zeichen ist wirklich das Zeichen des Glaubens, das den ewigen Bund zwischen Gott und Mensch in sich birgt.

Der Prozeß der Spiritualisierung beginnt im AT, denn schon die Propheten sprechen von einer geistigen Beschneidung. Diese Linie zieht Origenes weiter aus. Im Anschluß an die Schrift spricht er von der Beschneidung aller Glieder des Menschen. Ohren, Lippen, Herz und Geschlechtsglied des Menschen sind dann beschnitten, wenn sie ihren Dienst vollziehen nach dem Gesetz Gottes, wenn sie den Bund mit Gott durch diesen Vollzug sichtbar werden lassen. Das Zeichen der Beschneidung ist nach diesem Verständnis ein sehr umfassendes Zeichen für den Bund mit Gott. Es kennzeichnet den ganzen Menschen in seinen wesentlichen Vollzügen.

Wie geschieht die Beschneidung?

Diese Beschneidung wurde mit dem Messer aus Stein (vgl. Jos 5,2) durch Jesus am Volk Gottes vollzogen. Was bedeutet aber das Messer aus Stein und das Schwert, mit dem das Volk Gottes beschnitten ist? Höre das Wort des Apostels: »Denn lebendig ist das Wort Gottes, kraftvoll und schärfer als jedes zweischneidige Schwert; es dringt durch bis zur Scheidung von Seele und Geist, von Gelenk und Mark. Es richtet über die Regungen und Gedanken des Herzens« (Hebr 4,12). Das ist also das Schwert, mit dem wir beschnitten werden müssen, von ihm sagt der Herr Jesus: »Ich bin nicht gekommen, Frieden auf die Erde zu bringen, sondern das Schwert« (Mt 10,34).

Gen 17

Der erste Satz dieses Abschnittes stellt eine wesentliche Beziehung her zwischen dem AT und dem NT, und zwar über die zwei Gestalten Josua und Jesus. Der hebräische Name Josua ist identisch mit dem griechischen Namen Jesus, was schon beim Klang dieses Namens die Verbindung herstellt. Alles, was Josua getan hat, kann man in Jesus vollendet sehen, wenn man auf diese Beziehung einmal aufmerksam geworden ist. Jesus ist der wahre Josua, der alles, was Mose ihm aufgetragen hat, erfüllt. Er führt das Volk über den Jordan in das Land der Verheißung, damit es dort wirklich das Volk Gottes sei und sein Erbteil in Besitz nehme. All das erfüllt Jesus in einem viel tieferen Sinn, auch den Vollzug der Beschneidung. Sie muß schon bei Josua, aber dann erst recht bei Jesus geistig verstanden werden, wie schon gezeigt wurde, wenn man ihre bleibende Realität für das Volk Gottes erweisen will. Jetzt geht es um das Wie der Beschneidung.

Das Instrument, mit dem Gott die Beschneidung an den Glaubenden vollzieht, ist das Wort Gottes. Es wird öfter mit einem Schwert verglichen, weil es das Böse abschneidet und vom Menschen abtrennt. Wer das Wort Gottes wirklich annimmt, an dem wird es wirksam, wenn auch in schmerzhafter Weise. Es beschneidet alle seine Glieder.

Ich frage also, wie kann der Bund Christi an meinem Fleisch sein? Wenn ich meine Glieder töte, die irdisch sind (vgl. Kol 3,5), habe ich den Bund Christi an meinem Fleisch, denn es gilt: »Wenn wir mit ihm leiden, werden wir auch mit ihm herrschen« (2 Tim 2,12). Wenn ich ihm gleichgeworden bin in seinem Tod (vgl. Röm 6,5), zeige ich, daß sein Bund auch an meinem Fleisch ist. Was nützt es nämlich, wenn ich nur sage, daß Jesus im Fleisch, das er von Maria angenommen hat, gekommen ist, und nicht zeige, daß er auch in meinem Fleisch gekommen ist? Ich zeige das aber besonders dann, wenn ich, der ich zuerst meine Glieder in den Dienst der Ungerechtigkeit gestellt habe, so daß ich ungerecht wurde, jetzt umkehre und meine Glieder in den Dienst der Gerechtigkeit stelle, so daß ich heilig werde (vgl. Röm 6,19). Ich zeige, daß der Bund Christi an meinem Fleisch ist, wenn ich wie Paulus sage: »Ich bin mit Christus gekreuzigt worden; ich lebe, aber nicht mehr ich, sondern Christus lebt in mir« (Gal 2,20), und wenn ich sagen kann wie er: »Ich trage an mei-

*nem Leib die Wundmale meines Herrn Jesus Christus« (Gal 6,17).
In Wahrheit zeigte er, daß der Bund Gottes an seinem Fleisch war,
als er sagte: »Wer wird uns scheiden von der Liebe Gottes, die in
Christus Jesus ist? Bedrängnis oder Not oder Gefahr oder Schwert?«
(Röm 8,35)*

*Wenn wir nämlich nur mit der Stimme bekennen, daß Jesus der
Herr ist, und nicht zeigen, daß sein Bund an unserem Fleisch ist,
gemäß dem, was wir oben erklärt haben, tun auch wir offensichtlich
etwas Ähnliches wie die Juden, die meinen, nur durch das Zeichen
der Beschneidung Gott zu bekennen, ihn aber durch ihr Tun leugnen.*

*Uns aber gewähre der Herr, daß wir mit dem Herzen glauben,
mit dem Mund bekennen (vgl. Röm 10,9f) und durch unsere Werke
beweisen, daß der Bund Gottes an unserem Fleisch ist, so daß die
Menschen unsere guten Taten sehen und unseren Vater preisen, der
im Himmel ist (vgl. Mt 5,16), durch Jesus Christus, unsern Herrn.
Ihm sei die Ehre in die zeitenlose Ewigkeit. Amen.*

Die geistige Auslegung dient zur Erbauung der Kirche, weil sie zeigen will, wieso die äußeren Fakten für alle Glaubenden eine Bedeutung haben. Für die Christen stellt sich die Frage: Wie haben wir den Neuen Bund unseres Herrn Jesus Christus an unserem Fleisch? Oder anders gefragt: Wie verändert das Wort Gottes unser Leben, wie wirkt sich die Lebensgemeinschaft mit Christus konkret aus? Origenes hat durch seine geistige Erklärung herausgearbeitet: Der Bund am Fleisch ist erst in den Christen volle Wirklichkeit geworden. Denn sie tragen das Todesleiden Jesu an ihrem Leib, so daß auch sein Leben an ihnen offenbar wird. Die Beschneidung ist an ihnen ganz vollzogen, wenn sie mit Christus für die Sünde gestorben sind und für Gott leben.

Zu Gen 18

In Kapitel 18 der Genesis wird berichtet, daß Gott nicht nur zu Abraham spricht, sondern ihm in menschlicher Gestalt erscheint. Drei Männer kommen zu Abraham; er darf sie aufnehmen und bewirten.

Gen 18

Gastfreundschaft

Gen 18 ist der grundlegende Text, um die Gastfreundschaft zu empfehlen. Von daher ist die moralische Deutung sehr einleuchtend und einprägsam. Origenes rühmt besonders die eilige und freudige Bereitschaft, mit der Abraham seinen Gästen begegnet:

Origenes, Homilien zum Buch Genesis 4:
»Als er sie sah, lief er ihnen schnell entgegen« (Gen 18,2). Sieh, wie unverzüglich Abraham mit Eifer und Freude zu Diensten ist. Er läuft ihnen entgegen und dann, als er ihnen entgegengelaufen war, eilt er zurück zum Zelt und sagt zu seiner Frau: »Geh schnell ins Zelt!« (Gen 18,6) Beachte im Einzelnen, wie groß die Freude dessen ist, der aufnimmt. Alles geschieht eilig, alles ist drängend, nichts wird mit Muße getan. Er sagt also zu seiner Frau Sara: »Geh schnell ins Zelt! Meng drei Maß Feinmehl an und backe Brotfladen! Er selbst lief zum Vieh und nahm ein Kalb« (Gen 18,6f). Was für ein Kalb? Vielleicht das erste, das ihm entgegenlief? So ist es nicht, sondern »ein prächtiges und zartes Kalb« (Gen 18,7). Und obwohl er alles eilig tut, weiß er doch, daß man Gott und seinen Engeln das Besondere und Großartige darbringen muß. Er nahm also oder wählte aus der Herde ein prächtiges und zartes Kalb und übergab es dem Jungknecht. »Der Jungknecht bereitete es eilig zu« (Gen 18,7). Er selbst läuft, die Frau eilt, der Jungknecht tut es schleunigst. Keiner ist träge im Haus des Weisen. Er setzt also das Kalb vor zusammen mit Brot und Feinmehl und auch Milch und Butter. Das sind Abrahams und Saras Dienste bei der Gastfreundschaft.

Die moralische Lehre ist kein Problem. Doch würde man den Abschnitt nicht im vollen Sinn verstehen, wenn man nicht beachtet, daß er voll von Mysterien ist, von göttlichen Inhalten, die in diese einfache Erzählung eingewoben sind.

Ist es Gott, der hier erscheint? Sind es Engel? Ist es Gott mit seinen Engeln? Verschieden werden bei den einzelnen Vätern diese Fragen gelöst. Eins ist wesentlich: Gott muß es sein, der dem Abraham so große Verheißungen gibt, und Gott erscheint in menschlicher Gestalt. Hilarius stellt diesen Zug in seinem Werk über die Dreifaltigkeit eindrücklich heraus, wenn er sagt:

Hilarius, Über die Dreifaltigkeit 4,27:
Wenn Abraham auch nur einen Mann erblickt hat, so hat er ihn doch als Herrn angebetet: er erkannte nämlich das Geheimnis der zukünftigen Menschwerdung. Bei ihm durfte die Bezeugung eines so großen Glaubens nicht fehlen, da der Herr im Evangelium sagt: »Euer Vater Abraham jubelte, weil er meinen Tag sehen sollte. Er sah ihn und freute sich« (Joh 8,56).

Hilarius sagt, Abraham habe in dem Menschen den menschgewordenen Gottessohn erkannt. Er führt diese Szene an als Bestätigung für den umfassenden Glauben Abrahams, der die Menschwerdung mit umfaßte, weil ihm Gott in menschlicher Gestalt begegnete und er ihn dennoch als Gott ehrte und anerkannte.

Cäsarius von Arles äußert diesen Gedanken noch eindeutiger, wenn er sagt:

Cäsarius von Arles, Sermo 83:
Wo geschah dies alles? Bei der Eiche von Mamre, was übersetzt ‚Schau‘ oder ‚klare Erkenntnis‘ bedeutet. Erkennst du, was das für ein Ort ist, an dem der Herr Mahl halten kann? Ihn beglückt die Schau und die klare Erkenntnis Abrahams, denn dieser war reinen Herzens, so daß er Gott schauen konnte. An einem solchen Ort und in einem solchen Herzen kann der Herr Mahl halten. Über diese Schau hat der Herr im Evangelium zu den Juden gesprochen: »Abraham jubelte, daß er meinen Tag sehen durfte; er sah ihn und freute sich« (Joh 8,56). Er sagte: »Er sah meinen Tag«, weil er das Mysterium der Dreifaltigkeit erkannte. Er sah den Tag, der der Vater ist, den Tag, der der Sohn ist, den Tag, der der Heilige Geist ist, und in diesen dreien einen Tag, weil sowohl der Vater Gott ist, wie auch der Sohn Gott ist, wie auch der Heilige Geist Gott ist, und diese drei sind ein Gott. Jede Person ist auch für sich genommen ganz Gott und alle drei zusammen sind ein Gott.

Die dogmatische Formulierung des Glaubens an die Dreifaltigkeit läßt die spätere Zeit erkennen, in der dies geschrieben worden ist, während die Übersetzung von ‚Mamre‘ aus der Tradition stammt. Cäsarius geht also noch weiter als Hilarius. Er erklärt, daß Abraham auch in der Dreizahl der Männer Gott in seinem Wesen erkannte. Das kann er nur behaupten, weil das Evangelium vom Glauben Abrahams an die Menschwerdung spricht, die unsere Gotteserkenntnis zur Erkenntnis der Dreifaltigkeit geführt hat. Wir haben hier wieder ein Beispiel dafür, daß die Väter sich an das NT anschließen bei ihrer Auslegung des AT, was vom Kontext des AT her oft nicht einsehbar ist.

Gottes Herabsteigen

Eine andere Einzelheit dieser Erzählung birgt ein tiefes Geheimnis. Als Abraham mit den Männern auf dem Weg nach Sodom ist, sagt der Herr zu ihm: »Ich bin herabgestiegen, um zu sehen« (Gen 18,21). Dieser Ausdruck, den Gott hier braucht, nämlich herabsteigen, erklärt Origenes folgendermaßen:

Origenes, Homilien zum Buch Genesis 4:
Jetzt, da über die Sünder Gericht gehalten wird, heißt es, daß Gott herabsteigt. Hüte dich, an ein örtliches Auf- und Absteigen zu denken. Häufig findet sich dieser Ausdruck in der Heiligen Schrift, wie z.B. beim Propheten Micha: »Seht, der Herr hat seinen heiligen Ort verlassen, er ist herabgestiegen, um über die Höhen der Erde dahinzuschreiten« (Mi 1,3). Es wird also gesagt, daß der Herr herabsteigt, wenn er sich gnädig der menschlichen Schwachheit annimmt. Das muß man besonders von unserem Herrn und Retter denken, der »es nicht als Raub erachtete, Gott gleich zu sein, sondern sich entäußerte und die Knechtsgestalt annahm« (Phil 2,7). Der Herr stieg also herab, denn »niemand ist in den Himmel hinaufgestiegen außer dem, der vom Himmel herabgestiegen ist, der Menschensohn, der im Himmel ist« (Joh 3,13). Der Herr stieg also herab, nicht nur, um sich um unser Los zu kümmern, sondern sogar, um es zu tragen. »Er nahm ja die Knechtsgestalt an«, obwohl er doch eine unsichtbare Natur hat, weil er ja dem Vater gleich ist. Dennoch nahm er sichtbare Gestalt an und »wurde in seiner Erscheinung als Mensch erfunden« (Phil 2,7).

Daß über die Sünder Gericht gehalten wird, ist der Erweis der Gnade Gottes, denn so verschafft er seinen Erwählten Recht. Origenes erkennt in diesem Gericht die Erlösung. Gott hält so Gericht, daß er sich selbst in den Zustand des Sünders begibt, um dessen Los zu ändern. In diesem Text werden nicht einzelne Stellen aus dem AT und NT zusammengebracht, sondern ein Gesamtthema wird erkannt: Gott steigt herab, um sich in der Welt der sündigen Menschheit anzunehmen. Durch seine Gegenwart werden die Sünder vernichtet, aber seine Erwählten werden gerettet. In dem Feuer, das Gott auf Sodom herabregnen lassen will, erkennt Origenes das göttliche Gerichtsfeuer. Der rettende Gott steigt herab, er verläßt seine Erhabenheit in der Höhe, um in der Tiefe einzugreifen.

Zu Gen 19

Die Flucht ins Gebirge

Das Gericht wird im Feuer vollzogen; nur Lot mit seiner Familie wird gerettet. Der Weg seiner Rettung führt ihn weiter, von der Ebene ins Gebirge. Es wird ihm streng untersagt zurückzublicken. Diese Einzelheit ist für die geistige Deutung von zentraler Bedeutung geworden. Origenes erklärt in einer Predigt zum Propheten Jeremia:

Origenes, Homilien zu Jeremia 13:
Über das, was es bedeutet, sich nach dem vorne Liegenden auszustrecken, werden wir folgende Ausführungen machen: Der Gerechte »streckt sich nach dem vorne Liegenden aus, das hinten Liegende vergißt er« (vgl. Phil 3,13). Damit ist klar, daß der, welcher sich in einer dem Gerechten entgegengesetzten Verfassung befindet, auf das hinten Liegende bedacht ist und sich nach dem vorne Liegenden ausstreckt. Wer aber auf das hinten Liegende bedacht ist, überhört Jesus, der belehren will und sagt: »Er soll sich nicht nach dem hinten Liegenden wenden, um seinen Mantel zu holen« (Mk 13,16). Er überhört Jesus, der sagt: »Denkt an die Frau des Lot!« (Lk 17,32). Er überhört Jesus, der sagt: »Keiner, der die Hand an den Pflug legt und sich nach dem hinten Liegenden wendet, taugt für das Gottesreich« (Lk 9,62). Und ferner steht im Gesetz geschrieben, daß die Engel zu dem aus Sodom kommenden Lot sagten: »Blicke dich nicht zum hinten Liegenden um und bleibe auch in der ganzen Umge-

bung nicht stehen. Rette dich auf den Berg; sonst wirst auch du hinweggerafft« (Gen 19,17). Auch dies enthält einen Gedanken, der dem Geist eines Engels würdig ist: »Blicke dich nicht nach dem hinten Liegenden um«: – strecke dich stets nach dem vorne Liegenden aus. Wenn du Sodom verlassen hast, wende dich nicht mehr nach Sodom um. Wenn du das Böse und die Sünde verlassen hast, wende dich nicht wieder dorthin zurück. »Und bleibe auch in der ganzen Umgebung nicht stehen.« Wenn du nämlich die vorige Weisung – das »Blicke dich nicht nach dem hinten Liegenden um« – beobachtest, kannst du noch keine völlige Rettung finden. Du mußt auch noch auf die zweite Weisung hören – auf das »Und bleibe auch in der ganzen Umgebung nicht stehen«. Denn wer angefangen hat, Fortschritte zu machen, soll – auch wenn er Sodom schon durchschritten hat – in der Umgebung von Sodom nicht stehen bleiben. Er soll sich vielmehr, nachdem er, ohne in der Umgebung stehen geblieben zu sein, Sodom durchschritten hat, auf den Berg hinauf retten. Denn so steht es geschrieben: »Blicke dich nicht nach dem hinten Liegenden um und bleibe auch in der ganzen Umgebung nicht stehen. Rette dich auf den Berg; sonst wirst auch du hinweggerafft« (Gen 19,17). Willst du nicht mit den Sodomiten zusammen hinweggerafft werden, so wende dich niemals zum hinten Liegenden um, bleibe auch nicht in der Umgebung von Sodom, begib dich auch nicht anderswohin, – begib dich nur auf den Berg hinauf. Denn dort allein ist Rettung. Der Berg aber ist Jesus, der Herr.

Es ist ein durchgehender Zug in der Schrift, er findet sich auch im NT, daß der von Gott Gerettete sich nach vorn orientieren muß und nicht rückwärts gerichtet sein darf. Er darf sich nicht nach dem Bösen zurückwenden, nicht dabei stehenbleiben. Gerettet ist Lot erst, wenn er das Gebirge erreicht, was zunächst einen vordergründigen Sinn enthält. Das Gebirge als Rettungsort ist verständlich, wenn man bedenkt, daß in der Antike ein Berg immer eine gewisse Sicherheit bot gegen heranrückende Feinde. Man konnte sie von oben her leichter abwehren. Darum wird dieses Bild auch in den Psalmen oft verwandt, wie z.B. Ps 30,8: »Herr, in deiner Güte stelltest du mich auf den schützenden Berg.« Origenes setzt den Berg mit Jesus gleich und gibt damit diesem Einzelzug der Erklärung eine tiefere Bedeutung.

Cyrill von Jerusalem bestätigt diese Sichtweise der Szene in seinen mystagogischen Katechesen:

Cyrill von Jerusalem, Mystagogische Katechesen 1:
Hast du nicht gehört, was uns das Alte Testament über Lot und seine Töchter erzählt? Ist er nicht mit seinen Töchtern gerettet worden, weil er den Berg erreichte? Ist aber seine Frau nicht zur Salzsäule geworden, die für die Ewigkeit steht und das Gedächtnis wachhält an jene verhängnisvolle Entscheidung und das Umdrehen? Hüte dich also! Wende dich, wenn du die Hand an den Pflug legst (vgl. Lk 9,62), nicht mehr zurück zu dieser salzigen, unverträglichen Lebensweise, sondern fliehe auf denBerg, zu Jesus Christus, dem Stein, der ohne Zutun von Menschenhand losbrach und die ganze Erde erfüllte (vgl. Dan 2,34f.45).

Zu Gen 22

Der Höhepunkt der Abrahamsgeschichte wird in Genesis Kapitel 22 erreicht: Gott stellt Abraham auf die Probe, und sein Glaube bewährt sich. Die jüdische Auslegung sieht die Abrahamsgeschichte als Geschichte der verschiedenen Prüfungen Abrahams. Offenbar gehört es zur Geschichte des Glaubens, daß er in vielfacher Weise auf die Probe gestellt wird. In diesem Kapitel der Genesis heißt es ausdrücklich, daß Gott Abraham auf die Probe stellt (vgl. Gen 22,1); dabei drängen sich dem Leser eine Menge Fragen auf. Auch sein Glaube wird auf die Probe gestellt. Die Geschichte von der Prüfung Abrahams wird deshalb überliefert, weil sie intendiert, daß der Glaube der Hörer gestärkt wird durch das, was Gott dabei zeigt und offenbart. Eine Predigt des Origenes zu diesem Text wird nahezu vollständig hier wiedergegeben; nur einzelne Abschnitte werden paraphrasiert, damit man einerseits den Zusammenhang der ganzen Predigt aufnehmen kann, andererseits nicht durch zu große Verständnisschwierigkeiten bei seinen Exkursen vom Wesentlichen abgelenkt wird. Diese Predigt des Origenes ist grundlegend geworden für die gesamte Tradition der Kirchenväter bei der Erklärung von Kapitel 22 der Genesis.

Gen 22

Einführung in die Situation

In der Predigt über Gen 22 bezieht Origenes von Anfang an den Hörer in das Geschehen ein. Weder der Prediger noch der Hörer stehen über dem Text und können ihn beurteilen, sondern der Text spricht an und vollzieht sich an dem, der sich auf ihn einläßt.

Origenes, Homilien zu Genesis 8:
Hört her, die ihr zu Gott hingetreten seid und euch als Gläubige versteht, achtet ganz genau darauf, wie euer Glaube durch das, was vorgelesen wurde, auf die Probe gestellt wird. Es heißt in der Schrift: »Nach diesen Ereignissen stellte Gott Abraham auf die Probe und sagte: Abraham, Abraham! Dieser antwortete: Hier bin ich« (Gen 22,1). Beachte alle Einzelheiten dessen, was in der Schrift steht! Denn wer tief zu graben versteht, findet in den Einzelheiten einen Schatz, und vielleicht sind sogar dort, wo man es gar nicht vermutet, reiche und wertvolle Mysterien verborgen.

Origenes beginnt seine Predigt, indem er sofort darauf hinweist, daß seine Zuhörer sich zwar als Glaubende bezeichnen, aber ihr Glaube sich noch bewähren muß. Mysterien kann man in der Schrift finden. Das sind die göttlichen Offenbarungen. Sie sind der Schatz, der nicht an der Oberfläche liegt. Man muß tief graben, um ihn zu entdecken. Aber manchmal findet man ihn auch unverhofft. Ein Text der Heiligen Schrift kann auf den ersten Blick glatt und einfach, fast banal wirken. Und gerade dann findet der glaubende Mensch oft reiche Einsichten, die Gottes Geist ihm schenkt.

Abram hieß dieser Mann ursprünglich, doch lesen wir nirgends, daß Gott ihn so genannt oder zu ihm gesagt hätte: Abram, Abram.

Origenes bemerkt eine Einzelheit des Textes und deutet sie: Gott ruft Abraham, aber nicht mit dem Namen, den er von Geburt an trug, sondern mit dem neuen Namen, den er ihm verleiht. Oben war schon von der Bedeutung des Namens und der Namensänderung die Rede. Hier beobachtet Origenes, daß Gott Abraham nie mit dem alten Namen anspricht. Im zwölften Kapitel der Genesis, mit dem die Abrahamsgeschichte beginnt, redet Gott zwar mit

Abram, aber er spricht ihn nicht mit Namen an. Er sagt einfach: »Zieh weg aus deinem Land, von deiner Verwandtschaft und aus deinem Vaterhaus in das Land, das ich dir zeigen werde« (Gen 12,1). Bei dieser ersten Begegnung nennt Gott ihn also überhaupt nicht mit Namen.

Denn Gott konnte ihn nicht mit dem Namen ansprechen, der getilgt werden sollte, vielmehr nennt er ihn bei dem Namen, den er selbst ihm verliehen hat; ja, er redet ihn nicht nur einmal, sondern sogar zweimal so an.
Als Abraham geantwortet hatte: »Hier bin ich« (Gen 22,1), sprach Gott: »Nimm deinen Sohn, deinen einzigen, den du liebst, Isaak, geh in das Land Morija, und bring ihn dort auf einem der Berge, den ich dir nenne, als Brandopfer dar« (Gen 22,2).

Daß Gott zweimal diesen neuen Namen nennt und ihn so ruft, darin liegt eine Verheißung (vgl. auch Ex 3,4: Gott ruft Mose zweimal). Gott hat mit ihm etwas Großes vor. Um so härter empfindet jeder den Auftrag Gottes, der an Abraham ergeht. Er widerspricht nämlich der Verheißung, die mit dem neuen Namen verbunden ist.

Warum Gott ihm einen Namen gab und ihn Abraham nannte, hat er selbst erklärt und begründet: »Ich habe dich zum Vater vieler Völker bestimmt« (Gen 17,5). Diese Verheißung hat er Abraham gegeben, als er schon einen Sohn hatte, nämlich Ismael, doch Gott versprach, sie zu erfüllen durch den Sohn, den Sara ihm gebären sollte. Gott hatte ihm also eine glühende Liebe zu seinem Sohn eingegeben, nicht nur, weil er durch ihn Nachkommenschaft erhalten sollte, sondern vor allem um der Hoffnung auf die Verheißung willen. Doch gerade den Sohn, mit dem ihm diese großen, wunderbaren Verheißungen gegeben waren, diesen Sohn, dessentwegen er Abraham genannt wurde, ihn soll er auf einem der Berge als Brandopfer für den Herrn darbringen.

In der Schrift wird überhaupt nicht erklärt, wie Gott zu seiner unbegreiflichen Willensäußerung kommt. Er spricht und handelt paradox. Der Hörer und Leser kann genauso wenig wie Abraham verstehen, wie Verheißung und Forderung Gottes zusammenhängen. Es wird auch nicht erklärt. Die Frage nach dem Sinn des göttlichen Handelns spitzt sich zu.

Fragen und Zweifel

Die Hörer identifizieren sich mit Abraham und überlegen, was wohl in ihm vorgegangen sein mag. Origenes legt ihnen eine Reihe von Fragen in den Mund:

Was sagst du dazu, Abraham? Was für Gedanken und Gedanken von welcher Art regen sich in deinem Herzen? Die Stimme Gottes ließ sich vernehmen, um deinen Glauben in Frage zu stellen und zu prüfen. Was sagst du dazu? Was denkst du? Was überlegst du? Erwägst du vielleicht in deinem Herzen: Wenn mir die Verheißung mit Isaak zuteil wurde, ich diesen Sohn aber als Brandopfer darbringe, bleibt nichts anderes übrig, als die Hoffnung auf die Verheißung aufzugeben? Oder denkst du vielmehr, daß der, der die Verheißung gegeben hat, unmöglich täuschen kann (vgl. Hebr 6,18)? Sagst du: Mag sein was will, die Verheißung wird bestehen bleiben?

Den Zwiespalt Abrahams kann man sehr gut nachempfinden; oft ist er auch mit psychologischem Einfühlungsvermögen literarisch dargestellt worden. Die Schrift gibt dazu keinen Hinweis, denn an der Genesisstelle ist von den Gedanken und Gefühlen Abrahams nicht die Rede. Die psychologische Betrachtungsweise wird von der Schrift nicht thematisiert. Normalerweise glaubt man aber, sich vorstellen zu können, was in Abraham vorging. Origenes wagt nicht, die Lücke der Schrift zu füllen, weil seine Ehrfurcht vor dem inspirierten Wort groß ist. Er setzt voraus, daß es einen Sinn hat, wenn die Schrift Einzelheiten berichtet, und genauso, daß es einen Sinn hat, wenn sie etwas nicht sagt.

Ich bin wirklich der Geringste (vgl. 1 Kor 15,9) und deshalb nicht imstande, die Gedanken eines so großen Patriarchen zu erforschen. So kann ich auch nicht wissen, welche Gedanken in Abraham, welche Empfindungen ausgelöst wurden durch die Stimme Gottes, die ihn auf die Probe stellte mit dem Befehl, seinen einzigen Sohn zu schlachten.

Also reicht menschliches Einfühlungsvermögen nicht aus. In der Schrift empfangen wir göttliche Offenbarung, nicht psychologische Durchdringung einer schwierigen Situation, die ja auf menschlichem Erkennen und Vergleichen beruht.

Glaube an die Auferstehung

Aber weil »der Geist der Propheten den Propheten unterworfen ist« (1 Kor 14,32), hat der Apostel Paulus meines Erachtens durch den Heiligen Geist die Empfindungen und Entscheidungen Abrahams erfaßt, er hat sie mit den Worten angedeutet: »Aufgrund des Glaubens zögerte Abraham nicht, seinen einzigen Sohn, mit dem er die Verheißungen empfangen hatte, als Opfer darzubringen, denn er bedachte, daß Gott die Macht hat, ihn sogar von den Toten aufzuerwecken« (Hebr 11,17-19). Der Apostel hat uns also die Gedanken des glaubenden Menschen überliefert und verkündet, daß der Glaube an die Auferstehung schon damals zu entstehen begann, als Abraham sie für Isaak erwartete.

Gott gibt dem glaubenden Menschen Hilfe zum Verständnis der Glaubensschwierigkeit Abrahams, und zwar an einer anderen Stelle der Heiligen Schrift. Paulus (der Hebräerbrief wird von Origenes hier in traditioneller Weise Paulus zugeschrieben, an anderer Stelle weiß Origenes um die Problematik der Verfasserschaft dieses Briefes) öffnet einen größeren Horizont.

Das kann kein heutiger Leser so ohne weiteres nachvollziehen. Abraham soll wirklich an die Auferstehung seines Sohnes geglaubt haben? Der Beweis ist für Origenes diese Aussage des NT. Hier stoßen wir auf die grundsätzliche Glaubensüberzeugung des Origenes, daß die Schrift als ganze inspiriertes Gotteswort ist. Aufgrund dieser Überzeugung ist das Wort des Paulus ernst zu nehmen, wenn er vom Glauben Abrahams spricht, der gegen alle Hoffnung voll Hoffnung war (vgl. Röm 4,18).

Abraham glaubte daran, daß Isaak auferstehen werde, er glaubte daran, daß etwas geschehen werde, was bis dahin noch nie geschehen war. Wie können also diejenigen Söhne Abrahams sein (vgl. Joh 8,37), die nicht daran glauben, daß in Christus geschehen ist, was

Abraham als zukünftiges Ereignis für Isaak im Glauben erwartete? Vielmehr, um es noch deutlicher zu sagen: Abraham wußte, daß er die Gestalt der zukünftigen Wirklichkeit im Bild vorwegnahm, er wußte, daß Christus als sein Nachkomme geboren würde, der als einzig rechtmäßiges Brandopfer für die ganze Welt dargebracht werden und von den Toten auferstehen sollte.

Daß die großen Glaubenden des Alten Testamentes schon die volle Erkenntnis des Heilswirkens Gottes hatten, findet Origenes im Johannesevangelium. Joh 8,56 haben wir schon oben zitiert, diese Stelle ist für die Väter von entscheidender Bedeutung. Abrahams Glaube ist eine ganz umfassende Antwort auf Gottes Wirken an ihm und seinen Nachkommen. In Christus ist das geschehen, was Abraham gegen alle Hoffnung erhoffte: die volle Errettung aus dem Tod durch den lebendigen Gott. Gott macht sein lebenspendendes Wirken an beiden offenbar: Isaak wird vor dem Tod errettet, Christus aus dem Tod. Unser Glaube hat diese geschehene Tatsache als Inhalt, Abraham hatte die Hoffnung auf dieses Wirken Gottes.

Der Auftrag Gottes

Doch einstweilen heißt es in der Schrift: »Gott stellte Abraham auf die Probe und sagte zu ihm: Nimm deinen einzigen Sohn, den du liebst« (Gen 22,1f). Nicht genug, daß er das Wort ‚Sohn' gebrauchte, er fügt noch hinzu ‚den einzigen'. Das mag noch hingehen. Weshalb wird aber noch dazu gesagt: ‚den du liebst'? Man begreift, wie schwer die Probe ist! Ausdrücke der Liebe und Zärtlichkeit, mehrmals wiederholt, erwecken die Liebe und Zuneigung des Vaters, damit seine Rechte im wachen Bewußtsein der Liebe zögere, den Sohn zu opfern, und alle Streitkräfte des Fleisches gegen den Glauben des Geistes aufgeboten würden.

Origenes stellt jetzt klar heraus, worin die Probe besteht, welcher Kampf ausgetragen werden soll. Die Streitkräfte des Fleisches kämpfen gegen den Glauben des Geistes. Die Begriffe ‚Fleisch' und ‚Geist' nimmt Origenes hier auf, gemäß dem Sprachgebrauch des Paulus. Wenn man das nicht beachtet, versteht man den Text nicht, denn innige väterliche Liebe würde man nicht so schnell dem

Fleisch zuordnen. Gemeint ist aber das ganz natürliche Menschsein mit allen seinen Regungen. ‚Geist' dagegen ist bei Paulus der Mensch, der an Christus Anteil hat, also nicht das Immaterielle im Menschen gegenüber dem Körperlichen, sondern der von Gott mit einem neuen Leben beschenkte Mensch gegenüber dem rein natürlichen. Wie gerade bei der Glaubensprobe Abrahams erkennbar wird, führt der Glaube den Menschen über sich selbst hinaus und eröffnet ihm eine neue Dimension: den Kontakt mit der Wirklichkeit Gottes.

»Nimm deinen einzigen Sohn, den du liebst, Isaak.« Also gut, Herr, du machst dem Vater klar, daß es um den Sohn geht; noch dazu nennst du ihn den einzigen und befiehlst gleichzeitig, ihn zu schlachten. Genug der Qual für den Vater! Und dann sagst du auch noch: »den du liebst«. Das ist ja schon eine dreifache Qual für den Vater. Mußt du auch noch erwähnen, daß er Isaak heißt? Wußte Abraham etwa nicht, daß sein einziger Sohn, den er liebte, Isaak hieß? Warum wird das zu diesem Zeitpunkt auch noch erwähnt? Damit Abraham sich an dein Wort erinnerte: »Nach Isaak sollen deine Nachkommen benannt werden, und durch Isaak wird dir die Erfüllung der Verheißungen zuteil!« (vgl. Gen 21,12; Röm 9,7f; Hebr 11,18; Gal 3,16.18; 4,23). Der Name wird deshalb dazugenannt, damit Abraham an allen Verheißungen, die an ihn geknüpft waren, verzweifelte. All das geschah, weil Gott Abraham auf die Probe stellte.

Achtet darauf, wie die Erprobung durch jede Einzelheit immer mehr gesteigert wird! »Geh ins Bergland« (Gen 22,2). Konnte der Herr nicht zuerst Abraham und seinen Sohn ins Bergland ziehen und auf dem auserwählten Berg ankommen lassen und ihm erst dort befehlen, er solle seinen Sohn als Opfer darbringen? Aber nein, erst wird ihm befohlen, ins Bergland zu gehen und den Berg zu besteigen. Was soll das?

Es geschieht deshalb, damit Abraham beim Hinweg, unterwegs auf der ganzen Strecke, von seinen Gedanken hin und her gezerrt wird, einerseits bedrängt der Auftrag, andererseits wehrt sich die Liebe zum einzigen Sohn, und so wird er gequält. Darum wird ihm also auch noch die Wegstrecke und die Besteigung des Berges auferlegt, damit während dieses ganzen Weges Liebe und Glaube, die göttliche und die fleischliche Liebe, die Anziehung des Gegenwärtigen und die Hoffnung auf das Zukünftige Zeit haben, um gegeneinander zu kämpfen.

Er wird also ins Bergland geschickt, aber das ist für den Patriarchen noch zu wenig, der ein so bedeutendes Werk für den Herrn vollbringen soll. Sein Auftrag lautet, einen Berg zu besteigen, d.h. durch den Glauben emporgehoben das Irdische hinter sich zu lassen und zum Himmlischen aufzusteigen.

Was verlangt der Glaube vom Menschen? Etwas Übermenschliches! Origenes sieht in jedem Wort, das Gott spricht, noch eine Steigerung der belastenden Probe, die er dem Abraham auferlegt. Aber die Schrift zeigt, daß diese Probe noch gesteigert werden kann. Denn der Text fährt fort: »Geh ins Bergland und bring ihn mir dort auf einem der Berge, den ich dir zeigen werde, als Brandopfer dar« (Gen 22,2). Wieso ist das noch einmal eine Steigerung? Die erste Erschwernis der Probe ist der längere Zeitraum. Die zweite ist der Aufstieg in die Höhe, die sinnbildlich eine Erhebung des Geistes bedeutet. Immer deutlicher wird, was Glaube ist: Verlassen der irdischen Wirklichkeit, um die himmlische in den Blick zu nehmen. Abraham soll den ganzen Glauben verwirklichen und in ihm sollen alle Glaubenden erkennen, was der Glaube seinem Wesen nach ist und wie er wachsen kann.

Abraham auf dem Weg

»Frühmorgens stand Abraham auf, sattelte seinen Esel und spaltete Holz für das Brandopfer. Er nahm seinen Sohn und zwei Knechte mit und erreichte den Ort, den Gott ihm genannt hatte, am dritten Tag« (Gen 22,3).

»Frühmorgens stand Abraham auf« (mit dem Zusatz ‚frühmorgens' wollte die Schrift vielleicht sagen, daß in seinem Herzen schon das Licht aufzustrahlen begann), *»er sattelte seinen Esel«*, richtete das Holz und nahm seinen Sohn mit. *Er stellt keine langen Überlegungen an, wägt nicht ab, fragt keinen Menschen um Rat, sondern macht sich unverzüglich auf den Weg.*

»Er erreichte den Ort, den Gott ihm genannt hatte, am dritten Tag«. Ich übergehe für den Augenblick eine Erklärung zur Myste-

rienbedeutung des dritten Tages und betrachte die Weisheit und den Ratschluß dessen, der auf die Probe stellt.

Obwohl alles in den Bergen geschehen sollte, gab es keinen Berg in der Nähe, vielmehr zog sich der Marsch über drei Tage hin. Und während der ganzen drei Tage wurde der Vater im Innern von immer neuen Sorgen gequält; während der ganzen langen Zeit sollte der Vater seinen Sohn vor Augen haben, gemeinsam mit ihm essen; so viele Nächte lang sollte der Sohn in den Armen des Vaters ruhen, an seiner Brust liegen, in seiner Umarmung schlafen. Sieh, bis zu welchem Grad die Erprobung gesteigert wird!

Der dritte Tag indessen ist immer für Mysterien geeignet, denn am dritten Tag, nachdem das Volk aus Ägypten ausgezogen war, brachte es Gott ein Opfer dar, ebenso heiligte es sich am dritten Tag. Außerdem ist der Tag der Auferstehung des Herrn der dritte Tag, und noch viele andere Mysterien sind in diesem Tag beschlossen.

Die Zeitangaben ‚frühmorgens‘ und ‚am dritten Tag‘ weisen hin auf das Eingreifen Gottes. Gottes Zeit ist immer der frühe Morgen und der dritte Tag, wie Origenes aus der Schrift erkennt. Daß diese Zeitangaben hier stehen, sind nur Andeutungen, erste Strahlen des göttlichen Lichtes, Hinweise auf tiefere Mysterien. Die Erprobung des Glaubens zieht sich über drei Tage hin. Wie nach dem Leiden und dem Sterben Jesu Christi ist der dritte Tag der Tag des Offenbarwerdens Gottes. So lange bleibt der Mensch in der Dunkelheit des Glaubens. Was Abraham auf dem Weg erlebt, wird von Origenes verhältnismäßig breit ausgeführt. Doch dann richtet sich sein Blick wieder auf die göttliche Wirklichkeit. In der Predigt wird so nachgeahmt, welcher Zwiespalt in Abraham herrscht, welcher Kampf in ihm tobt. Die Ereignisse und Worte, die Gottes Gegenwart und Wirken unmittelbar und tiefgreifend bezeugen, sind die großen Mysterien, deren das Volk Gottes in seiner zentralen Festfeier gedenkt. Bis heute werden sie in der Osternacht gefeiert. Das Ganzopfer des glaubenden Abraham gehört dazu, denn er ist wirklich der Vater des Glaubens.

Abraham und seine Knechte

»*Als Abraham aufblickte, sah er den Ort von weitem. Da sagte er zu seinen Knechten: Bleibt mit dem Esel hier. Ich aber will mit dem*

Knaben dorthin gehen, und wenn wir Gott angebetet haben, kehren wir zu euch zurück« (Gen 22,3f).

Abraham entläßt die Knechte, denn sie können nicht mit ihm aufsteigen zu dem Ort, den Gott bezeichnet hat für das Ganzopfer. So sagt er: »Bleibt ihr hier. Ich aber will mit dem Kind gehen. Und wenn wir Gott angebetet haben, kehren wir zu euch zurück.«

Sag mir, Abraham, sprichst du die Wahrheit zu den Knechten, wenn du versicherst, daß du Gott anbeten und mit dem Kind zurückkehren willst, oder täuschst du sie? Wenn du die Wahrheit sagst, dann willst du den Knaben nicht als Brandopfer darbringen; wenn es Täuschung ist, so schickt sich das nicht für einen so großen Patriarchen. Welche Geisteshaltung offenbart also dieses Wort? Er antwortet: Ich sage die Wahrheit und bringe den Knaben als Brandopfer dar; deshalb nehme ich ja auch Holz mit, und doch kehre ich mit ihm zu euch zurück. Ich bin nämlich im Glauben davon überzeugt, daß »Gott die Macht hat, ihn auch von den Toten aufzuerwecken« (Hebr 11,19).

Die Knechte gehören nicht in vollem Sinn zu Abraham, weil sie an seiner Gottesbegegnung keinen Anteil haben. Daher sollen sie das Opfer nicht miterleben und werden deshalb auch räumlich von Abraham getrennt. Origenes fragt, wie es naheliegt, ob die Auskunft, die Abraham den Knechten gibt, nur eine beruhigende Lüge ist oder ob damit sein starker Glaube zum Ausdruck gebracht wird. Das Wort aus dem Hebräerbrief sprengt den Rahmen der geschichtlichen Wahrscheinlichkeit, d.h. man kann nicht davon ausgehen, daß Abraham wirklich diesen Gedanken in seinem Bewußtsein hatte. Wenn Origenes die Haltung Abrahams so charakterisiert, dann macht er eine Aussage über den starken Glauben und das Vertrauen Abrahams, nicht über sein menschliches Denken.

Das Opfer

»Dann nahm Abraham das Holz für das Brandopfer und lud es seinem Sohn Isaak auf. Er selbst nahm Feuer und Messer in die Hand. So gingen beide miteinander« (Gen 22,6). Daß Isaak selbst das Holz für das Brandopfer trägt, ist Hinweis auf Christus, »der sein eigenes Kreuz trug« (Joh 19,17). Abgesehen davon ist es die Aufgabe des

Priesters, das Holz für das Brandopfer zu holen (vgl. Lev 1,7; 6,5). Er wird also zugleich Opfer und Priester. Darauf verweist auch die Hinzufügung: »So gingen beide miteinander«. Denn da Abraham als derjenige, der opfern wollte, Feuer und Messer trug, ging Isaak nicht hinter ihm her, sondern mit ihm. Damit sollte klar werden, daß er mit ihm zusammen den Priesterdienst ausübte.

Gerade an dieser Stelle kann man begreifen, daß es nicht um eine Erzählung aus der Urzeit des Volkes Israel geht, sondern um die Offenbarung dessen, was Glaube ist, zu dem Gott den Menschen befähigt. Der nur äußere Bezug auf Christus, der selbst sein Kreuz trägt, reicht nicht aus. Der Hinweis auf den priesterlichen Dienst führt zu tieferem Verstehen. Wie Christus ist Isaak Opfer und Priester. Glaube ist, wie hier klar wird, immer zugleich ein Darbringen und Dargebrachtwerden. Beides muß notwendig zusammenfallen, denn opfern heißt: vor Gott bringen, aber letzlich nicht irgendetwas, sondern sich selbst.

Was folgt dann? »Isaak sagte zu seinem Vater Abraham: Vater!« (Gen 22,7). In diesem Augenblick ist die Stimme des Sohnes eine Versuchung. Denn wie hat der Sohn, der geopfert werden soll, mit diesem Wort den Vater zutiefst erschüttert! Und obwohl Abraham unbeugsam im Glauben war, gab auch er seiner Zuneigung Ausdruck und antwortete: »Was ist, mein Sohn?« »Sieh«, sagte dieser, »hier sind Feuer und Holz, doch wo ist das Lamm für das Brandopfer?« Darauf antwortet Abraham: »Gott wird sich das Lamm für das Brandopfer selbst aussuchen« (Gen 22,7f).
Die ganz genaue und vorsichtige Antwort Abrahams beeindruckt mich. Ich weiß nicht, was er im Geist sah, da er nicht mit Bezug auf die Gegenwart sondern auf die Zukunft sagt: »Gott wird sich das Lamm selbst aussuchen«. Auf die Frage des Sohnes nach der Gegenwart gibt er ihm eine Antwort, die sich auf die Zukunft bezieht. Denn tatsächlich wird sich der Herr das Lamm in Christus selbst aussuchen, denn »die Weisheit hat sich selbst ihr Haus gebaut« (Spr 9,1), und »er erniedrigte sich selbst bis zum Tod« (Phil 2,8). Was immer du über Christus liest, du wirst finden, daß er alles »selbst«, d.h. aus eigenem Antrieb, nicht unter Zwang getan hat.

Die Antwort Abrahams auf die Frage Isaaks scheint wieder wie vorher bei der Antwort auf die Frage der Knechte ein Ausweichmanöver zu sein. Normalerweise gibt man sich mit diesem Verständnis zufrieden. Doch gerade an solchen Stellen gräbt Origenes tiefer und findet, wie er zu Anfang bemerkt hatte, erstaunliche Reichtümer. Hier erwähnt er, was äußerst selten geschieht, sogar seine eigenen Erfahrungen mit dem Schriftwort. Gott selber handelt, das hat Origenes in der Antwort Abrahams entdeckt, er selbst bereitet sich wirklich das Opfer, kein anderer bringt es dar, sondern er selbst ist derjenige, der es darbringt, der dargebracht wird und der das Opfer annimmt. In Christus wird diese Wirklichkeit erkennbar, weil er zugleich Gott und Mensch ist.

»Beide gingen miteinander weiter und kamen an den Ort, von dem Gott zu ihm gesprochen hatte« (Gen 22,8f). Die Erklärung des Origenes zu diesen Versen soll hier nur kurz zusamengefaßt und nicht wörtlich wiedergegeben werden. Origenes vergleicht das Kommen Abrahams und Isaaks zu dem Ort Gottes mit dem Kommen des Mose zum Gottesberg. Es ist derselbe Berg, auf dem Gott sich dem Mose offenbart in der Erscheinung des brennenden Dornbusches. Mose muß seine Schuhe ausziehen, vielleicht, weil er noch die Unreinheit Ägyptens an sich trägt. Abraham und Isaak sind dagegen durch den langen Weg genügend vorbereitet für die Gottesbegegnung.

Dieser Augenblick der Gottesbegegnung ist jetzt gekommen, Abraham ist am Ziel seines Weges angekommen; jeder Glaubende muß verstehen, daß er selbst betroffen ist durch das, was Abraham geschieht. Das Wort Gottes spricht jeden an und stellt ihn auf die Probe, dementsprechend wendet sich Origenes an seine Zuhörer unmittelbar in direkter Rede.

Viele unter euch, meinen Zuhörern in der Kirche Gottes, sind Väter. Ob es wohl bei euch einen gibt, der allein durch die Erzählung dieser Geschichte soviel an Gefaßtheit, soviel an Seelenstärke gewinnt, daß er Abraham nachahmt und sich dessen Hochherzigkeit vor Augen stellt, wenn ihm sein Sohn durch einen natürlichen Tod, wie ihn alle erleiden müssen, genommen wird, selbst dann, wenn es der einzige, der geliebte Sohn ist? Allerdings wird von dir nicht die Seelengröße verlangt, deinen Sohn selbst zu binden, ihn selbst zusammenzuschnüren, selbst das Messer zu zücken, selbst deinen einzigen Sohn zu schlachten. All diese Vollzüge werden von dir nicht gefordert. Sei also wenigstens in deiner Einstellung und Gesinnung standhaft, und bring im Glauben gefestigt Gott deinen Sohn freudig als Opfer dar. Sei Priester für die Seele deines Sohnes! Ein Priester aber, der Gott ein Opfer darbringt, darf nicht weinen.

Ist das nicht eine Überforderung, die Origenes an den Christen stellt? Es regt sich in jedem, der das hört oder liest, Widerspruch und Ablehnung. Wie kann Origenes begründen, daß das nicht seine persönliche Meinung, nicht seine Erfindung, sondern wirklich der Anspruch Gottes, genau gesagt, der Anspruch des Herrn Jesus Christus ist, wie das Evangelium ihn bezeugt? Auch die Christen bezeichnen sich als Kinder Abrahams. Doch kann das nicht im leiblichen Sinn gelten, sondern was sie zu Kindern Abrahams macht, ist die Unbedingtheit des Glaubens. Origenes macht den Anspruch, den Gott an jeden Glaubenden stellt, deutlich. Wenn es um Gott und seinen Auftrag geht, wenn wir uns als Menschen Gott nahen wollen, kann das nur in bedingungsloser Hingabe geschehen.

Willst du sehen, daß das wirklich von dir verlangt wird? Der Herr sagt im Evangelium: »Wenn ihr Söhne Abrahams wäret, würdet ihr die Werke Abrahams tun« (Joh 8,39). Seht, dies ist das Werk Abrahams! Tut, was Abraham getan hat, aber nicht mit Traurigkeit, denn »einen frohen Geber liebt Gott« (2 Kor 9,7). Wenn auch ihr Gott gegenüber so bereitwillig seid, wird auch zu euch gesagt werden: »Steig hinauf ins Bergland, auf den Berg, den ich dir zeigen werde, und bring mir dort deinen Sohn als Opfer dar«. Nicht tief unten auf der Erde, nicht im Tal der Tränen, sondern hoch oben auf einem Gipfel im Bergland bring deinen Sohn als Opfer dar. Beweise, daß der Glaube an Gott stärker ist als die fleischliche Liebe. Die Schrift sagt, Abraham liebte zwar seinen Sohn Isaak, doch zog er die Gottesliebe der fleischlichen Liebe vor. Sein Herz und seine Liebe erwies sich nicht als vom Fleisch bestimmt, sondern er handelte aus der Liebe zu Christus, der Liebe zum Wort Gottes, zur Wahrheit und Weisheit.

Bei dieser Gegenüberstellung müssen wir uns wieder daran erinnern, was mit Fleisch gemeint ist: die natürliche Gegebenheit des

Menschseins. Der Glaube soll also stärker sein als jede natürliche Liebe. Er soll stark werden, darin besteht der Weg und das Fortschreiten im christlichen Leben, stärker als jede natürliche Zuneigung. Das setzt eine Erkenntnis voraus: Wenn man Christus liebt, auch im anderen Menschen, liebt man auf viel umfassendere Weise. Dem Nächsten wird also nichts entzogen durch die stärkere Liebe zu Christus. Aber der Mensch muß es lernen, so zu lieben. Das menschliche Leben kann dieser Lernprozeß im Lieben sein.

Wieso aber sagt Origenes, daß Abraham Christus liebt? Ist das einfach ein Anachronismus? Wenn ein Christ Gott liebt, zeigt sich das in seiner Liebe zu Christus. Dasselbe behauptet Origenes von Abraham und macht ihn damit schon zu einem Christen. Aber Origenes kann seine Behauptung beweisen. Christus wird in der Schrift gleichgesetzt mit dem Wort Gottes, der Wahrheit und der Weisheit (vgl. Joh 1,1.14; 14,6; 1 Kor 1,30), die Abraham liebt; er liebt nicht die Person des fleischgewordenen Menschensohnes. Doch müssen wir uns hüten, diese Aussage zu abgeblaßt und in einem zu allgemeinen Sinn zu verstehen. Wenn Origenes sagt, Christus sei das Wort Gottes, meint er das als eindeutige Identifikation. Er leitet seine Aussage aus der Schrift ab, die Christus so benennt. Deshalb kann er davon sprechen, daß Abraham Christus liebt. Seine Liebe gehört der Offenbarung Gottes, der Wahrheit als der Wirklichkeit Gottes und der Weisheit als der rechten Art und Weise, menschliches Leben zu gestalten.

»Und Abraham streckte seine Hand aus und nahm das Messer, um seinen Sohn zu schlachten. Da rief ihm der Engel des Herrn vom Himmel her zu: Abraham, Abraham! Er antwortete: Hier bin ich. Jener sprach: Streck deine Hand nicht gegen den Knaben aus und tu ihm nichts zuleide. Denn jetzt weiß ich, daß du Gott fürchtest« (Gen 22,10-12).

Bei diesen Worten bringt man uns meist einen Einwand. Gott sagt, jetzt wisse er, daß Abraham Gott fürchtet, als hätte er es vorher nicht gewußt. Gott wußte es, es war ihm nicht verborgen, denn »er weiß alles, bevor es geschieht« (Dan 13,42), doch um deinetwillen steht das in der Schrift. Denn auch du bist zwar zum Glauben an Gott gekommen, doch wenn du nicht »Werke des Glaubens« (2 Thess 1,11) vollbracht hast, wenn du nicht allen Geboten, auch den ganz schweren, gehorcht hast, wenn du das Opfer nicht dargebracht und bewiesen hast, daß du weder Vater noch Mutter noch Kinder mehr liebst als Gott (vgl. Mt 10,37), dann erkennt man nicht an dir, daß du Gott fürchtest, und man wird nicht von dir sagen: »Jetzt weiß ich, daß du Gott fürchtest«.

Christ sein und glauben verlangt sehr viel. Das Zeugnis christlichen Lebens sollte für den Glaubenden selber und für andere klar erkennbar werden. Darum muß Gott jeden Glauben auf die Probe stellen, damit er sich in der vollen Entschiedenheit bewährt. Das ist der Sinn der Probe, die Gott dem Abraham auferlegt, wie Origenes deutlich macht. In seiner Predigt, die ich kurz zusammenfasse, geht er dann noch darauf ein, daß an dieser Stelle der Engel des Herrn das neue Gotteswort verkündet. Er erklärt, daß die Engel die Aufgabe haben, den Glauben der Menschen zu fördern und zu behüten. Dann fährt er fort:

Gut, das mag zu Abraham gesagt worden sein, es mag verkündet worden sein, daß er Gott fürchtete. Warum? Weil er seinen Sohn nicht geschont hat. Wir wollen das indessen mit den Worten des Apostels zusammensehen, der von Gott sagt: »Er hat seinen eigenen Sohn nicht geschont, sondern ihn für uns alle dahingegeben« (Röm 8,32). Sieh, wie Gott in verschwenderischer Freigiebigkeit mit den Menschen wetteifert! Abraham brachte Gott seinen sterblichen Sohn als Opfer dar, ohne daß dieser zu sterben brauchte. Gott lieferte seinen unsterblichen Sohn um der Menschen willen dem Tod aus. Was sollen wir dazu sagen? »Wie können wir dem Herrn all das vergelten, was er uns Gutes getan hat?« (Ps 116,12) Gott, der Vater, hat um unseretwillen »seinen eigenen Sohn nicht geschont«.

So groß uns der Anspruch des Glaubens vorkommen mag, so viel, nämlich alles, Gott vom Menschen verlangen mag, so ist er andererseits der Gott, der den Menschen zu einer Würde erhoben hat, die unausdenkbar ist. Er liebt den Menschen so sehr, daß er seinen eigenen Sohn und damit sich selbst hingibt um des Heiles der Menschen willen. Dieser Liebe kann der Mensch nur entsprechen, wenn er nichts höher schätzt als Gott und seine Liebe. Abraham hat das bewiesen, und auch dem Apostel Paulus war das klar. Er hat alles als

‚Dreck' verachtet, was ihm vorher viel wert war, um Christus zu gewinnen.

Isaak und der Widder

Oben haben wir, glaube ich, gesagt, daß Isaak ein Bild für Christus ist. Doch ebenso ist auch dieser Widder offenbar ein Bild Christi. Es ist der Mühe wert zu verstehen, wie beide Christus entsprechen: Isaak, der nicht geschlachtet, und der Widder, der geschlachtet wurde.

Christus ist das Wort Gottes, aber »das Wort ist Fleisch geworden« (Joh 1,14). Einerseits stammt also Christus vom Himmel, andererseits ist er Mensch aufgrund der menschlichen Natur und wurde im Schoß der Jungfrau empfangen. Christus leidet also, aber im Fleisch; er hat den Tod auf sich genommen, aber als Fleisch, dessen Bild dieser Widder ist. So sprach auch Johannes: »Seht das Lamm Gottes, das hinwegnimmt die Sünde der Welt« (Joh 1,29).

Das Wort aber blieb »in Unverweslichkeit« (1 Kor 15,42) bestehen, das ist Christus dem Geist nach, dessen Bild Isaak ist. Darum ist er zugleich Opfergabe und Hoherpriester. Denn dem Geist nach bringt er dem Vater die Opfergabe dar, dem Fleisch nach wird er selbst auf dem Altar des Kreuzes als Opfer dargebracht. Wie über ihn geschrieben steht: »Seht das Lamm Gottes, das hinwegnimmt die Sünde der Welt«, so heißt es auch: »Du bist Priester auf ewig nach der Ordnung Melchisedeks« (Ps 110,4).

Gott selber hat sich das Opfer bereitet, weil, wie die Schrift dann fortfährt, ein Widder sich im Gestrüpp verfangen hat. Er hat damit das Wort Abrahams erfüllt, der gesagt hatte: »Gott wird sich das Opferlamm aussuchen« im Sinn von »selber bereiten«. Der Widder wird als Opfertier geschlachtet. Ist er also das eigentliche Vorbild für Christus und nicht Isaak, der doch nicht getötet wird? Dieser Frage geht Origenes nach und löst sie so, daß er sagt: Beide, der Widder und Isaak, sind Bild für Christus, nämlich Isaak für Christus in seiner göttlichen Wesenheit und der Widder für Christus in seiner menschlichen Natur.

Geistiges Verständnis und Freude

»Abraham nannte jenen Ort: Der Herr sieht« (Gen 22,14). Denen, die wirklich hören können, wird ein deutlich erkennbarer Weg des geistlichen Verständnisses eröffnet. Denn alle diese Geschehnisse führen zur Schau, da es ja heißt: »Der Herr sieht«. Aber die Schau, wie sie »der Herr sieht«, vollzieht sich im Geist. Auch du sollst das, was geschrieben steht, im Geist sehen.

Das geistliche Verständnis dessen, was in der Schrift steht, ist das Ziel der Predigt. Was ist damit gemeint? Wer diese Erzählung vernimmt, soll nicht nur eine Geschichte hören, die von einem längst verstorbenen Menschen berichtet, vielleicht auch von seinen Gotteserfahrungen, sondern die Glaubenden selbst sind jeweils im Jetzt und Heute angesprochen, sie werden in die Entscheidung geführt. So wie Origenes diesen Abschnitt aus der Schrift erklärt hat, betrifft er jeden Christen. So verstehen wir ihn als bleibende Offenbarung Gottes.

Am Schluß der Predigt steht nicht die Härte der Forderung, sondern Origenes enthüllt die Freude der Verheißung, die in jedem Gotteswort enthalten ist. Er spricht davon, daß wir die Freude zur Welt bringen können als unser Kind, denn Isaak heißt ja übersetzt ‚Lachen'. Doch ist nicht jedwede Freude, sondern die Freude gemeint, die eine Frucht des Heiligen Geistes ist.

Origenes bringt dann eine Anspielung auf den Anfang des Jakobusbriefes, in dem Versuchung und Freude zusammengebracht werden. »Seid voll Freude, meine Brüder, wenn ihr in mancherlei Versuchungen geratet. Ihr wißt, daß die Prüfung eures Glaubens Ausdauer bewirkt« (Jak 1,2f). Isaak ist dargebracht von Abraham, und doch ist er zugleich neu geboren als die große Freude Abrahams.

Wenn du nämlich froh zu Gott hinzugetreten bist, wird er dir zurückerstatten, was du dargebracht hast, und zu dir sagen: »Ihr werdet mich wiedersehen, dann wird euer Herz sich freuen und eure Freude wird euch niemand nehmen« (Joh 16,22). So wirst du, was du Gott dargebracht hast, vielfach zurückerhalten.

Das einzig wahre Opfer hat Jesus Christus dargebracht. Er hat sich selbst in den Tod dahingegeben und sein Leben in der Auferstehung wiedergeschenkt bekommen. An diesem Opfer dürfen die Glaubenden teilnehmen das ganze Leben lang in vielen einzelnen Vollzügen und immer wieder im Sakrament der Eucharistie. Sie verlieren etwas, letztlich sich selbst an Gott, aber erhalten ein Vielfaches zurück.

So etwas wird, wenn auch in einem anderen Bild, im Evangelium berichtet, wo es im Gleichnis heißt, jemand habe eine Mine erhalten, um damit Handel zu treiben und für den Hausvater Gewinn zu erwerben (vgl. Mt 25,16ff). Aber wenn du ihm statt der fünf Minen zehn bringst, werden sie dir selbst geschenkt, sie fallen dir selbst zu. Denn hör, was er sagt: »Nehmt diesem die Mine und gebt sie dem, der zehn Minen hat« (Lk 19,24). So machen wir also anscheinend für den Herrn Geschäfte, doch aller Gewinn fällt uns zu. Wir bringen anscheinend Gott Opfer dar, aber es wird uns wiedergeschenkt, was wir geopfert haben. Gott hat ja nichts nötig, sondern er will, daß wir reich sind, er wünscht unseren Fortschritt in jeder Hinsicht.

Bildhaft wird das auch in dem gezeigt, was Ijob zustieß. Auch er hat um Gottes willen alles verloren, da er doch reich war. Aber weil er den Kampf um die Geduld bis zum Ende richtig geführt hat, weil er in all seinem Leiden großmütig war und sagte: »Der Herr hat gegeben, der Herr hat genommen. Wie es dem Herrn gefiel, ist es geschehen, der Name des Herrn sei gepriesen« (Ijob 1,21), darum sieh, was zuletzt von ihm geschrieben steht: »Er erhielt alles doppelt zurück, was er verloren hatte« (Ijob 42,10).

Siehst du, was es bedeutet, etwas für Gott zu verlieren: Es bedeutet, dasselbe vervielfacht zurückzuerhalten. Aber in den Evangelien wird dir sogar noch mehr verheißen, Hundertfaches wird dir versprochen und dazu noch das ewige Leben in Christus Jesus, unserem Herrn. Ihm sei Ehre und Macht in die zeitenlose Ewigkeit. Amen.

Am Ende der Predigt hat Origenes noch einmal klar gemacht, was der Sinn aller Opfer ist: Nicht daß Gott etwas vom Menschen bekommt, sondern daß der Mensch reich wird, weil er befähigt wird, sein Leben an Gott zu verlieren. Daraufhin ist er angelegt, das macht ihn eigentlich und wahrhaft glücklich.

2. Isaak, der einzige, geliebte Sohn

Während Abraham der Vater aller Glaubenden ist und seine Geschichte die Geschichte des Glaubens ist, die für alle Glaubenden wichtige Aussagen bringt, ist Isaak durchweg von den Vätern als Typos Christi gezeichnet. Man darf in Isaak den Herrn Jesus Christus erkennen, und dessen Züge werden in dem Bild Isaaks deutlich. Das wird schon durch den Namen der beiden Patriarchen angedeutet. Abraham heißt übersetzt: Vater vieler Völker, Isaak aber bedeutet: Lachen, Freude. Dieser Name ist das Programm seines Lebens, er stellt in seiner Person die Verheißung des Retters und Erlösers dar. Wie aber die glaubenden Menschen Glieder Christi sind, weil sie an Christus Anteil haben, so kann man auch in Isaak nicht nur Christus selbst sehen; das Verständnis dessen, was er darstellt, wird noch ausgeweitet dadurch, daß man in ihm auch die Glieder Christi erkennen kann.

Zu Gen 21

Die Geburt Isaaks

Schon die Geburt Isaaks ist eine Verheißung und ergibt sich nicht einfach aus den natürlichen Umständen. Darum ist Isaak nicht nur Sohn Abrahams, sondern Sohn Gottes, der ihn durch seine Verheißung ins Leben ruft. Das erklärt Origenes im Römerbriefkommentar:

Origenes, Kommentar zum Römerbrief 7,15:
Der Apostel lehrt, daß Abraham zwar viele Söhne hatte, ihm aber nur in Isaak die Verheißung gegeben wurde. Denn »nicht die Kinder des Fleisches sind Kinder Gottes« (Röm 9,8). Und er bemüht sich zu zeigen, wie Isaak nicht Kind des Fleisches, sondern Kind Gottes ist; darum kommt er auf das zurück, was von ihm in der Genesis (vgl. Gen 18,10) geschrieben steht: »Das Wort der Verheißung lautet nämlich so: Zu dieser Zeit werde ich kommen, dann wird Sara einen Sohn haben«. Er sagt: Isaak wird nicht nach demselben Ablauf wie ein Kind des Fleisches geboren, da ja Abrahams Leib

schon erstorben war und ebenso der Mutterschoß Saras, wie es oben hieß. Isaak wird also geboren durch die Kraft dessen, der sprach: »Zu dieser Zeit werde ich kommen, dann wird Sara einen Sohn haben«. Mit Recht wird er also nicht ein Kind des Fleisches, sondern ein Kind Gottes genannt, weil er geboren wird aufgrund der Ankunft Gottes und durch sein Wort.

Mit der Aussage, daß Isaak durch die Kraft Gottes geboren wird und deshalb ein Kind Gottes genannt werden muß, spielt Origenes auf die Verkündigung an Maria an. Ihr wird verheißen, sie werde einen Sohn gebären, weil der Heilige Geist, der die Kraft Gottes ist, sie überschattet, und daher werde sie den Sohn des Allerhöchsten zur Welt bringen.

Ausführliche Deutungen der Isaak-Erzählungen in der Genesis gibt Origenes in seinen Predigten zur Genesis. Im Folgenden sollen diese Texte dargeboten werden, weil sie in der Folgezeit immer wieder neu aufgegriffen und weitergegeben wurden.

Entwöhnung des Isaak

Über den Namen und die Entwöhnung des Isaak spricht Origenes in der 7. Predigt zur Genesis.

Origenes, Homilien zu Genesis 7:
‚Isaak' wird mit ‚Lachen' oder ‚Freude' übersetzt (vgl. Gen 21,6). Wer also zeugt einen solchen Sohn? Zweifellos derjenige, der von denen, die er durch das Evangelium gezeugt hatte, sagte: »Ihr seid meine Freude und mein Ehrenkranz« (1 Thess 2,19f). Wegen solcher Söhne findet ein Festmahl statt, wenn sie entwöhnt sind, und es herrscht große Freude über sie, die keine Milch mehr brauchen, sondern feste Speise. Denn sie haben entsprechend dem, wie sie es aufnehmen können, geübte Sinne für die Unterscheidung von Gut und Böse (vgl. Hebr 5,12.14). Um solcher Menschen willen findet also ein großes Festmahl statt, wenn sie entwöhnt werden.

Dagegen kann man für die kein Festmahl veranstalten oder sich um derentwillen freuen, von denen der Apostel sagt: »Milch gab ich euch zu trinken, nicht feste Speise, denn diese konntet ihr noch nicht vertragen. Ihr könnt es aber auch jetzt noch nicht. So konnte ich zu euch nicht wie zu geisterfüllten, sondern nur wie zu fleischlichen Menschen reden, wie zu unmündigen Kindern in Christus« (1 Kor 3,2.1). Diejenigen, die wollen, daß man die göttlichen Schriften unmittelbar wörtlich versteht, sollen uns sagen, was es heißt: »*Ich konnte zu euch nicht wie zu geisterfüllten, sondern nur wie zu fleischlichen Menschen reden, wie zu unmündigen Kindern in Christus. Milch gab ich euch zu trinken, nicht feste Speise«* (1 Kor 3,1f).

Isaak ist Nachkomme des glaubenden Abraham. Sein Name ist bezeichnend, er bedeutet ‚Freude'. Jeder Glaubende kann als Isaak geboren werden und wird es, wenn er aus dem Heiligen Geist in der Taufe wiedergeboren wird. In der Kirche gibt es die geistige Zeugung, für die man Stellen aus den Paulusbriefen heranziehen kann (vgl. z. B. 1 Kor 4,15; 1 Thess 2,11; Gal 4,19). Der Glaubende wird vom Verkünder des Evangeliums durch das Wort Gottes gezeugt und von der Kirche als der Gemeinschaft der Glaubenden geboren. Zunächst ist man auch im Glauben noch ein unmündiges Kind, das mit Milch ernährt werden muß. Darum erklärt Origenes, wie die Glaubenden als Isaak auch entwöhnt werden können. Sie müssen nämlich durch die Nahrung der Heiligen Schrift wachsen, aber diese Nahrung wird ihnen in verschiedener Form gereicht: zuerst als Milch, erst später als feste Speise. Entwöhnung ist der Übergang von Milch zu fester Speise, bedeutet also im übertragenen Sinn das Wachstum und Fortschreiten im Glauben. Origenes stellt alles geistige Wachsen als immer umfassenderes Erkennen der Heiligen Schrift dar, weil er die Wahrheit sehr ernst nimmt, daß wir nur durch Christus, das Wort Gottes, Zugang zum Vater haben. Ein Wachsen im christlichen Leben ist immer ein Wachsen in der Zugehörigkeit zu Christus, und das geschieht durch das Aufnehmen des Wortes der Schrift.

Fleisch und Geist

Du aber kannst, wenn du die Frucht des Geistes besitzt, nämlich Freude, Liebe, Friede, Geduld (vgl. Gal 5,22), Isaak sein, geboren nicht dem Fleisch nach, sondern aufgrund der Verheißung. Du bist dann ein Sohn der Freien, jedoch nur, wenn auch du mit Paulus sagen kannst: »Wir leben zwar im Fleisch, kämpfen aber nicht mit den Waffen des Fleisches. Die Waffen, die wir bei unserem Feldzug einsetzen, sind nicht fleischlich, sondern sie haben durch Gott die Macht, Festungen zu schleifen. Mit ihnen reißen wir alle hohen Gedankengebäude nieder, die sich gegen die Erkenntnis Gottes auftürmen« (2 Kor 10,3-5). Wenn du ein solcher Mensch sein kannst, daß der Satz des Apostels mit Recht auch auf dich angewandt werden kann: »Ihr aber seid nicht vom Fleisch, sondern vom Geist bestimmt, da ja der Geist Gottes in euch wohnt« (Röm 8,9), wenn du also ein solcher Mensch bist, dann bist auch du nicht dem Fleisch nach, sondern dem Geist nach aufgrund der Verheißung geboren. Du bist dann Erbe der Verheißungen nach dem Wort: »Ihr seid Erben Gottes und Miterben Christi« (Röm 8,17). Du bist nicht Miterbe mit dem, der dem Fleisch nach geboren ist, sondern du bist Miterbe Christi, denn »wenn wir auch Christus dem Fleisch nach kannten, kennen wir ihn doch jetzt nicht mehr so« (2 Kor 5,16).

Abraham hat zwei Söhne, aber nur der eine ist der Sohn der Freien, der Sohn, der aufgrund der Verheißung geboren wird, der vom Geist bestimmte Mensch. Darum nennt ihn Gott auch den ‚einzigen‘ Sohn. Fleisch und Geist werden hier als Gegensätze angeführt. ‚Fleisch‘ meint dabei – das muß oft wiederholt werden – die natürlich menschliche Lebensweise, ‚Geist‘ die Lebensweise des Christen, der aus dem Heiligen Geist das Leben Christi in der Taufe bekommen hat. Isaak ist nicht auf natürliche Weise, sondern aufgrund der Verheißung Gottes geboren worden, als seine beiden Eltern schon alt waren.

Jedoch gemäß den Worten der Heiligen Schrift kann ich nicht erkennen, aus welchem Beweggrund Sara den Sohn der Magd vertreiben ließ. Er spielte mit ihrem Sohn Isaak. Was verletzte oder beschädigte er mit seinem Spiel? Als sei es in diesem Alter nicht sogar wünschenswert gewesen, daß der Sohn der Magd mit dem Sohn der Freien spielte? Schließlich wundere ich mich auch über den Apostel, daß er dieses Spiel als ‚Verfolgung‘ bezeichnet, indem er sagt: »Doch wie damals der Sohn, der dem Fleisch nach gezeugt war, den verfolgte, der kraft des Geistes gezeugt war, so geschieht es auch jetzt« (Gal 4,29), wo doch die Heilige Schrift keine Verfolgung erwähnt, die Ismael gegen Isaak unternommen hätte, sie spricht nur von diesem kindlichen Spiel. Doch laßt uns sehen, was Paulus in diesem Spiel entdeckte und worüber Sara sich empörte. Oben haben wir das geistige Verständnis erklärt und gesagt, Sara stehe für die Tugend. Wenn also das Fleisch, das in Ismael, der nach dem Fleisch geboren wird, personifiziert ist, dem Geist, nämlich Isaak, schmeichelt, wenn es ihn mit Täuschungen verlockt, ihn durch Vergnügungen verführt und durch Sinnenlust verweichlicht, dann wird Sara, die Tugend, durch ein derartiges Spiel des Fleisches mit dem Geist zutiefst beleidigt, und Paulus beurteilt solche Schmeicheleien als schärfste Verfolgung.

Wenn du daher dies gehört hast, sollst du nicht nur als Verfolgung ansehen, daß die Wut der Heiden dich zum Götzenopfer zwingt. Nein, wenn dich etwa die Sinnenlust des Fleisches verführt, wenn die Verlockung der Begierde mit dir spielt, dann mußt du davor als vor der schlimmsten Verfolgung zurückweichen, wenn du ein Sohn der Tugend bist. Darum sagt auch der Apostel: »Hütet euch vor der Unzucht!« (1 Kor 6,18) Doch auch wenn dir die Ungerechtigkeit schmeichelt, wenn du die Person eines Mächtigen berücksichtigst (vgl. Lev 19,15), wenn du dich seinem Wohlwollen beugst und kein gerechtes Urteil sprichst, mußt du einsehen, daß du unter dem Schein des Spiels die schmeichlerische Verfolgung der Ungerechtigkeit erduldest. Wahrhaftig, wenn auch die einzelnen Erscheinungsformen der Bosheit angenehm und verlockend sind und wie Spielerei aussehen, müssen sie doch als Verfolgung des Geistes angesehen werden, denn durch all das wird die Tugend beleidigt.

Die Söhne Abrahams unterscheiden sich wie Fleisch und Geist. Von diesem Gedanken her kann man verstehen, daß der Sohn, der nach dem Fleisch geboren ist, vertrieben werden muß, was Sara von Abraham fordert. Die beiden Kinder spielen miteinander, wie die Schrift berichtet, und daraufhin soll der eine mit seiner Mutter weggeschickt werden. Paulus gibt im Galaterbrief den Grund an (vgl. Gal 4,29), er bezeichnet dieses Spielen als Verfolgung. Origenes schließt sich der Erklärung des Paulus an und führt sie noch weiter aus. Jeder Glaubende, der ein Isaak geworden ist, ein Sohn Abrahams dem Geist nach, muß erkennen, daß in ihm der andere Teil, der vom Fleisch bestimmt ist, noch vorhanden ist. Er muß sich vor ihm, wie Origenes ausführt, hüten und ihn nicht maßgebend werden lassen, daher den Umgang mit ihm möglichst meiden. So gibt

Origenes bei dieser Erklärung von Gen 21 eine praktische Anleitung für das christliche Leben.

Abraham hat also zwei Söhne, einen von der Magd und einen von der Freien (vgl. Gal 4,22). Beide sind Söhne Abrahams, aber nicht beide auch Söhne der Freien. Wenn deshalb der Sohn der Magd auch nicht Miterbe mit dem Sohn der Freien wird, so erhält er doch Geschenke und wird nicht mit leeren Händen weggeschickt. Er erhält auch einen Segen, der Sohn der Freien dagegen empfängt die Verheißung. Auch er wird zu einem großen Volk (Gen 21,13), der andere aber zum Volk, das als Sohn angenommen wird.

Im geistigen Verständnis können also auf jeden Fall alle, die durch den Glauben zur Erkenntnis Gottes kommen, Söhne Abrahams genannt werden. Unter ihnen sind aber einige, die aus Liebe Gott anhangen, andere aus Furcht und Angst vor dem kommenden Gericht. Darum sagt auch der Apostel Johannes: »Wer sich fürchtet, dessen Liebe ist nicht vollendet, denn vollendete Liebe vertreibt die Furcht« (1 Joh 4,18). Wer also in der Liebe vollendet ist, ist auch aus Abraham geboren und ein Sohn der Freien. Wer aber nicht in vollendeter Liebe, sondern aus Angst vor künftiger Vergeltung und Furcht vor Bestrafung die Gebote hält, ist zwar auch ein Sohn Abrahams, auch er erhält Geschenke, nämlich den Lohn seiner Werke (»wer einen Becher frischen Wassers gibt, nur weil es ein Jünger ist, der wird nicht um seinen Lohn kommen«, vgl. Mt 10,42), aber er ist geringer als der, der nicht in sklavischer Furcht, sondern in der Freiheit der Liebe vollendet ist.

Auf diesen Sachverhalt weist auch der Apostel hin, wenn er sagt: »Solange der Erbe unmündig ist, unterscheidet er sich in keiner Hinsicht von einem Sklaven, obwohl er Herr ist über alles; er steht vielmehr unter Vormundschaft und sein Erbe wird verwaltet bis zu der Zeit, die sein Vater festgesetzt hat« (Gal 4,1f). Unmündig ist, wer mit Milch ernährt wird, wem das Wort der Gerechtigkeit fehlt und wer die feste Speise der göttlichen Weisheit und der Erkenntnis des Gesetzes nicht vertragen kann (vgl. Hebr 5,13f). Unmündig ist, wer Geistiges nicht mit Geistigem vergleichen kann (vgl. 1 Kor 2,13) und noch nicht sagen kann: »Als ich ein Mann wurde, legte ich ab, was Kind an mir war« (1 Kor 13,11). Dieser unterscheidet sich also in keiner Beziehung von einem Sklaven.

Wenn aber jemand die Anfangslehre Christi hinter sich läßt (vgl. Hebr 6,1), wenn er zur Vollkommenheit strebt und sucht, was droben ist, wo Christus thront zur Rechten Gottes, wenn er also nicht das sucht, was auf der Erde ist (vgl. Kol 3,1f), und nicht auf das Sichtbare starrt, sondern auf das Unsichtbare (vgl. 2 Kor 4,18), wenn er in der Heiligen Schrift nicht dem Buchstaben folgt, der tötet, sondern dem Geist, der lebendig macht (vgl. 2 Kor 3,6), dann gehört er zweifellos zu denen, die nicht einen Geist empfangen haben, der wieder Furcht einflößt, sondern den Geist, der zu Söhnen macht, den Geist, in dem sie rufen: Abba, Vater (vgl. Röm 8,15).

Der Unterschied zwischen den beiden Söhnen Abrahams kann auch noch anders bestimmt werden. Beide dienen Gott, aber frei ist nur der, der aus Liebe dient, nicht aus Furcht. Wer aus Furcht dient, ist Sklave, er dient entgegen seinem eigenen Wollen, aus Zwang, weil er schlimme Folgen befürchtet, wenn er nicht dient. Die Liebe dagegen macht frei, sie handelt aus innerem Antrieb. Aufschlußreich ist hier, daß Origenes mit seinen Ausführungen auch den Weg zeigt, wie man zu dieser Liebe kommen kann. Für jede Liebe gilt: Wenn einer das Ziel anschaut, wenn einer seine Aufmerksamkeit auf das Liebenswerte richtet, dann wird die Liebe in ihm ausgelöst, er strebt nach dem, was er liebt, und zwar aus freiem innerem Antrieb.

Origenes sieht das Wachstum des glaubenden Menschen als Fortschreiten von der Furcht zur Liebe und vergleicht es mit dem Heranreifen eines Menschen zur vollen Mündigkeit. Ein mündiger Christ ist einer, der die Heilige Schrift versteht und zwar in ihrem geistigen Sinn. Was das bedeutet, kann man beim Apostel Paulus lernen: das AT in Christus verstehen, die eine Schriftstelle, die vielleicht dunkel ist, mit einer anderen, die klarer ist, vergleichen, die verborgenen himmlischen Wahrheiten betrachten, die das Ziel der Offenbarung darstellen, kurz, dem Geist Gottes folgen, der die Vertrautheit mit Gott und seinem Wort schenkt.

Fülle des Wassers, Fülle des Lebens

Noch auf eine andere Weise kann man den Unterschied zwischen den beiden Söhnen Abrahams fassen. Ismael bekommt, als er mit seiner Mutter in die Wüste geschickt wird, nur einen Schlauch mit Wasser mit auf den Weg.

Der du wie Isaak Sohn der Verheißung bist (vgl. Gal 4,28), »trinke Wasser aus deinen eigenen Quellen, das Wasser deiner Brunnen soll sich nicht nach außen ergießen, sondern dein Wasser soll auf deine eigenen Plätze fließen« (vgl. Spr 5,15f). Der dem Fleisch nach Geborene trinkt Wasser aus einem Schlauch; dieses Wasser versiegt ihm, und zwar in vielerlei Hinsicht. Der Schlauch des Gesetzes ist der Buchstabe. Aus ihm trinkt das dem Fleisch nach geborene Volk und gewinnt daraus Einsicht. Doch oft versagt ihm dieser Buchstabe und läßt sich nicht erklären, denn an vielen Stellen ist das historische Verständnis unzureichend. Die Kirche aber trinkt aus den Quellen der Evangelien und der Apostel. Diese versiegen niemals, sondern fließen auf ihre Plätze, weil sie in der Weite der geistigen Erklärung immer reichlich strömen. Die Kirche trinkt auch aus Brunnen, sofern sie aus dem Gesetz tieferes Verständnis schöpft und erschließt.

Der Glaube an Christus erschließt das lebendige Wasser, im buchstäblichen Sinn ist darunter fließendes Wasser zu verstehen, von dem Isaak trinken kann. Genug zu trinken haben bedeutet Leben, Leben in Fülle. Isaak sein heißt also auch, dieses Leben erkennen und ergreifen, wie Origenes weiter ausführt. Das Wasser wird von Origenes als das geistige Verständnis der Schrift gedeutet. Wenn man die Schrift nur ihrem buchstäblichen Sinn nach versteht, ist sie zwar auch Wasser, d.h. sie spendet Leben, aber dieses Leben ist begrenzt. Ismael ist der dem Fleisch nach Geborene. Er hat nur eine abgemessene Menge an Wasser in seinem Schlauch. Ohne Bild heißt das: Wer die Schrift nur nach dem buchstäblichen Sinn versteht, gewinnt zwar Einsicht, aber sie ist unzureichend und gewährt nicht das volle Leben. Das durch Christus geschenkte Verständnis der Schrift aber schenkt Leben in Fülle, hier mit sprudelndem Quellwasser verglichen. Wenn die Kirche das AT in Christus versteht, muß sie aus tiefen Brunnen mit Mühe das Wasser schöpfen, aber auch so kann sie lebendiges Wasser trinken. Doch sollen wir Christen uns deshalb nicht in Sicherheit wiegen.

Wir müssen uns in acht nehmen. Auch wir lagern häufig um den Brunnen mit lebendigem Wasser, das sind die göttlichen Schriften, und irren in ihnen herum. Wir nehmen die Bücher und lesen, aber den geistigen Sinn erfassen wir nicht. Darum sind Tränen und unaufhörliches Gebet nötig, daß der Herr unsere Augen öffnet. Denn auch den Blinden, die in Jericho saßen, wären die Augen nicht geöffnet worden, hätten sie nicht zum Herrn geschrien (vgl. Mt 20,30). Doch warum sage ich, daß unsere Augen geöffnet werden, da sie doch schon offen sind. Jesus ist ja gekommen, um die Augen der Blinden zu öffnen (vgl. Jes 42,7; Lk 4,18). Unsere Augen sind also offen, der Schleier ist vom Buchstaben des Gesetzes entfernt. Aber ich fürchte, daß wir sie im Schlaf um so fester wieder schließen, solange wir nicht im geistigen Verständnis wachen und solange wir uns nicht eifrig bemühen, den Schlaf von unseren Augen fernzuhalten. Wir müssen das Geistliche betrachten, damit wir nicht mit dem fleischlichen Volk, obwohl wir rund um das Wasser lagern, in die Irre gehen. Vielmehr wollen wir wachen und mit dem Propheten sagen: »*Ich will meinen Augen keinen Schlaf mehr gönnen und mich nicht im Bett zur Ruhe legen, bis ich für den Herrn eine Stätte finde, eine Wohnung für den starken Gott Jakobs*« *(Ps 132,4f; LXX: 131,4f). Ihm sei Ruhm und Macht in alle Ewigkeit. Amen.*

Hagar konnte den Brunnen erst entdecken, als der Herr ihr die Augen geöffnet hatte. Das bringt Origenes auf die Idee nachzufragen, ob denn wohl die Christen immer den Brunnen sehen können oder ob auch ihre Augen geschlossen sind. Die Intention dieser Predigt ist demnach zu zeigen, wie man Isaak werden kann, wie man als Isaak leben muß und kann. Nicht jeder Christ lebt schon das volle Leben, das ihm an sich möglich und verheißen ist, wie besonders aus dem letzten Abschnitt deutlich wird.

Zu Gen 22

Isaak, der Geopferte

In Gen 22 kommen die Abrahams- und Isaaksgeschichte zusammen. Hier wird am meisten deutlich, warum Isaak immer als Vorbild Christi gilt, denn er ist der einzige, geliebte Sohn, der sein Opfer im Gehorsam vollzieht. Es gibt im AT eine Auswahl von Vorbildern für den leidenden Herrn, Isaak gehört auf jeden Fall zu ihnen. Schon bei Melito von Sardes, einem Bischof des 2. Jahrhunderts, wird er in diesem Zusammenhang genannt:

Melito von Sardes, Vom Passa:
Wenn du das Mysterium des Herrn erblicken willst,
dann sieh auf Abel, der ebenso getötet wurde,
auf Isaak, der ebenso gebunden wurde,
auf Mose, der ebenso ausgesetzt wurde,
auf David, der ebenso verfolgt wurde,
auf die Propheten, die ebenso
um Christi willen litten.
Dieser ist
das Passa unsres Heiles.
Dieser ist es,
der in vielen vielerlei ertrug.
Dieser ist es,
der in Abel getötet wurde,
in Isaak gebunden wurde,
in Josef verkauft wurde,
in David verfolgt wurde,
in den Propheten verachtet wurde.

Man kann Christus in den Gestalten erkennen, die Melito aufzählt. Ihr Leiden wird in Christus vollendet. Ja, Melito meint noch mehr: Christus ist es, der schon im voraus in ihnen das Leiden auf sich nimmt. Sie sind die ganz vom Wort Gottes Geprägten, die dessen Schicksal zeigen und erleiden. Denn wenn das Wort Gottes in die Welt kommt, erfährt es immer Ablehnung und Widerspruch. Die von Melito Aufgezählten haben als Verkünder des Wortes Gottes diese Erfahrung gemacht. Abel wurde umgebracht, weil er das Wohlgefallen Gottes fand, Isaak wurde wie Christus als der einzige geliebte Sohn von seinem Vater dahingegeben, Mose wurde schon als Kind dem Tod ausgesetzt, David wurde verfolgt von demjenigen, dem er doch nur Gutes erwiesen hatte, die Propheten insgesamt haben mehr oder weniger Ablehnung erfahren wegen ihrer Verkündigung. In der zweiten Reihe wird noch Josef hinzugefügt, der von seinen Brüdern verkauft wurde, weil seine Träume eine prophetische Begabung erkennen ließen.

Bei Isaak wird nicht davon gesprochen, daß er geopfert wurde, sondern, wie auch in der jüdischen Erklärung von Gen 22, daß er gebunden wurde. Diese Bindung war sein Leiden, er wurde vom Wort Gottes eingefordert.

Zu Gen 24

Begegnung mit Isaak am Brunnen

Isaak ist auch darin etwas Besonderes, einzigartig unter den Patriarchen, daß er nur eine Frau hat. Sie wird ihm von Abraham zugeführt, von weither geholt, besonders ausgewählt nach dem Willen Gottes. Kap. 24, das die Brautwerbung erzählt, schweigt von Isaak weitgehend. Er wartet auf den Erfolg der Reise, die der als Brautwerber ausgesandte Knecht Abrahams unternimmt. Rebekka kommt zu ihm, nicht er zu ihr. Sie wird am Brunnen gefunden und zu der Ehe mit Isaak eingeladen, sie begegnet auch Isaak zum ersten Mal am Brunnen. Hier wird noch einmal klar, welche Bedeutung der Brunnen in den Patriarchenerzählungen hat. Er ist das Zentrum ihres Lebens. Die Kirchenväter, besonders Origenes, verfolgen dieses Motiv und erklären es geistig, d.h. sie sehen in den Brunnen die Quelle, aus der jedes geistliche Leben gespeist wird.

Origenes, Homilien zu Genesis 10:
Rebekka folgte dem Knecht und kam zu Isaak. Die Kirche folgt dem prophetischen Wort und kommt zu Christus. Wo findet sie ihn? »Isaak hielt sich am Schwurbrunnen auf« (Gen 24,62). Niemals gehen sie (die Patriarchen) weg vom Brunnen, niemals verlassen sie das Wasser. Rebekka wird am Brunnen angetroffen; am Brunnen findet Rebekka auch den Isaak; dort sieht sie ihn zuerst; dort läßt sie sich vom Kamel herab; dort sieht sie Isaak, den der Knecht ihr zeigt.

Isaak ist besonders dadurch gekennzeichnet, daß er sich am Brunnen aufhält und selber mehrere Brunnen gräbt. Die Begegnung

Isaaks mit Rebekka, die am Brunnen stattfindet, behandelt Cäsarius von Arles ausführlicher als Origenes und erläutert dabei die einzelnen Züge, wie das Herausgehen des Isaak, und dann die eheliche Verbindung mit Rebekka.

Cäsarius von Arles, Sermo 85:
Der Knecht nahm also Rebekka und brachte sie Isaak. Wir wollen jedoch sehen, wo er ihn fand. Es heißt: »Er fand ihn am Brunnen des Schwures« (Gen 24,62). Seht, Brüder, der Knecht Isaaks fand Rebekka am Brunnen, und auch Rebekka fand Isaak am Brunnen. Wahrhaftig, nur im Sakrament der Taufe findet Christus die Kirche und die Kirche Christus.

Es heißt in der Schrift: »Der heilige Isaak war am Abend herausgegangen, um auf dem Feld zu meditieren« (Gen 24,63). Dieses Feld war ein Bild der Welt. Isaak war aufs Feld herausgegangen, weil Christus in die Welt kommen sollte: Isaak am Abend des Tages, Christus am Ende der Welt. »Er war herausgegangen, um zu meditieren.« Isaak ist deshalb auf das Feld herausgegangen, weil Christus zum Kampf gegen den Teufel in die Welt kam, um ihn mit Gerechtigkeit zu besiegen, während er von ihm aus Ungerechtigkeit getötet wurde. Er wollte mit seinem Sterben den Tod vernichten und in seiner Auferstehung den Glaubenden Anteil an seinem Leben geben. Wie Isaak leiblich mit Rebekka verbunden werden sollte, so Christus geistlich mit der Kirche. Sie empfängt in der Gegenwart das kostbare Blut ihres Bräutigams als Unterpfand, sie wird später als Brautgabe sein Reich empfangen. Das verkündet der selige Apostel Petrus ganz klar: »Denn ihr seid nicht losgekauft worden mit Gold und Silber, sondern mit dem kostbaren Blut des makellosen Lammes« (1 Petr 1,18f).

Das Herausgehen des Isaak vergleicht Cäsarius mit dem Abstieg Christi aus dem Himmel in die Welt. Dabei wird ganz kurz in einem Satz die Erlösungslehre der alten Kirche erwähnt: Christus besiegt den Tod dadurch, daß er sich ungerechterweise von ihm besiegen läßt. So schenkt er allen, die sich ihm im Glauben anschließen, das ewige Leben.

Rebekka hat als Brautgabe von Isaak Schmuck erhalten; der Knecht Abrahams hat sie ihr mitgebracht. Die Kirche bekommt als

Brautgabe das Blut des Herrn als Unterpfand für ihre eheliche Verbindung mit ihm. Solche Parallelen und Beziehungen zwischen den Testamenten aufzuspüren, ist das Bestreben der Väter. Damit verstehen sie das AT besser und auch das NT.

Wir können uns solche Zusammenhänge von ihnen zeigen lassen, aber wir sind oft nicht in der Lage, daraus Gewinn zu ziehen. Das erfordert eine intensivere Meditation.

Zu Gen 25

Isaaks Segen

In Kapitel 25 steht nur eine kleine Bemerkung zu Isaak, daß der Herr ihn nämlich segnete und er am Brunnen der Schau wohnte. Der Vers gibt Origenes Anlaß, Wesentliches über diesen Segen und den Brunnen der Schau vorzutragen.

Origenes, Homilien zu Genesis 11:
Laßt uns sehen, wie der Herr nach Abrahams Tod seinen Sohn Isaak segnete und was dieser Segen bedeutete. Die Schrift sagt: »Der Herr segnete Isaak, und er wohnte am Brunnen der Schau« (Gen 25,11). Das ist der ganze Segen, mit dem der Herr Isaak segnete, er durfte am Brunnen der Schau wohnen. Für diejenigen, die es verstehen, ist es ein großartiger Segen. Wenn der Herr doch auch mich so segnen würde, daß ich würdig wäre, am Brunnen der Schau zu wohnen.

Wer kann begreifen und verstehen, welche Schau Jesaja, der Sohn des Amoz, sah? (vgl. Jes 1,1) Wer kann die Vision des Nahum begreifen? (vgl. Nah 1,1) Wer kann verstehen, was jene Schau in sich birgt, die Jakob, als er nach Mesopotamien auswanderte, in Bethel sah, wo er sagte: »Das ist das Haus Gottes und die Pforte des Himmels« (Gen 28,17). Wenn aber jemand jede einzelne dieser Visionen, sei es im Gesetz oder bei den Propheten, begreifen und verstehen kann, dann wohnt er am Brunnen der Schau.

Achte auch sorgfältig darauf, daß Isaak würdig war, einen so großen Segen vom Herrn zu empfangen, daß er am Brunnen der Schau wohnte. Wenn wir es doch irgendwann ganz verdienen könnten, wenn wir vielleicht einmal am Brunnen der Schau vorübergehen könnten! Jener war würdig, in der Schau zu verharren und zu wohnen, wir sind nur ein wenig erleuchtet durch die Barmherzigkeit Gottes und können kaum den Inhalt einer Schau erkennen oder ahnen.

Die Propheten empfangen göttliche Offenbarung nicht nur als Wort, sondern oft auch als Schau. Daran erinnert Origenes und erklärt den Brunnen der Schau als Zugang zu den prophetischen Worten.

Das Verständnis der prophetischen Offenbarungen wie der ganzen Heiligen Schrift, ist ein stufenweises Erkennen. In diesem Zusammenhang spricht man von den verschiedenen Schriftsinnen, die bei den Vätern eine Rolle spielen. Im folgenden Abschnitt erklärt Origenes, was er mit den verschiedenen Schriftsinnen meint:

Wenn ich trotz meiner geringen Fassungskraft etwas an Verständnis aus den Visionen Gottes gewinnen konnte, habe ich offensichtlich einen Tag am Brunnen der Schau zugebracht. Wenn ich fähig war, tatsächlich etwas nicht nur dem Buchstaben, sondern auch dem Geist nach zu erfassen, dann habe ich mich offenbar zwei Tage am Brunnen der Schau aufgehalten. Und wenn ich auch den moralischen Sinn erfaßt habe, sind es drei Tage. Aber auch wenn ich nicht alles verstehen konnte, ist es möglich, daß ich wirklich am Brunnen der Schau wohne. Das geschieht dann, wenn ich mich beharrlich um die Heilige Schrift bemühe und »über das Gesetz Gottes bei Tag und Nacht nachsinne« (Ps 1,2), wenn ich überhaupt niemals aufhöre zu fragen, nachzusinnen, zu untersuchen, wenn ich, was das Wichtigste ist, zu Gott bete und von ihm Verständnis erflehe, der den Menschen Weisheit lehrt (vgl. Ps 94,10).

Ich kann aber auch nachlässig sein, weder zu Hause das Wort Gottes studieren, noch häufig die Kirche betreten, um das Wort zu hören. So sehe ich einige unter euch, die nur am Feiertag zur Kirche kommen. Wer von dieser Art ist, der wohnt nicht am Brunnen der Schau. Ich fürchte aber, daß die, die so nachlässig sind, auch dann, wenn sie zur Kirche kommen, weder aus dem Brunnen des Lebens trinken, noch erquickt werden. Ich fürchte, daß sie sich stattdessen den Beschäftigungen widmen, die ihnen am Herzen liegen, und den Gedanken, die sie mit sich herumtragen. Trotz allem gehen sie dann von den Brunnen der Schriften durstig weg.

Beeilt euch also und strengt euch an, damit dieser Segen des Herrn euch erreicht. Denn er bedeutet, daß ihr am Brunnen der Schau wohnen könnt. Bemüht euch, damit der Herr eure Augen öffnet und ihr den Brunnen der Schau seht und aus ihm lebendiges Wasser empfangt, das in euch zu einer Quelle wird, deren Wasser ins ewige Leben sprudelt (vgl. Joh 4,14). Wenn aber jemand selten zur Kirche kommt, selten aus den Quellen der Schriften schöpft und, was er hört, vergißt, weil er sofort weggeht und von anderen Beschäftigungen eingenommen wird, dann wohnt er nicht am Brunnen der Schau.

Soll ich dir zeigen, wer sich nie vom Brunnen der Schau entfernt? Der Apostel Paulus, der sprach: »Wir alle aber schauen mit unverhülltem Angesicht die Herrlichkeit des Herrn« (2 Kor 3,18).

Auch du empfängst also den Segen vom Herrn und wohnst am Brunnen der Schau, wenn du ununterbrochen die Visionen der Propheten befragst, wenn du immer lernen willst, wenn du über sie nachsinnst und bei ihnen bleibst. Denn auch dir wird der Herr Jesus auf dem Weg erscheinen und dir die Schriften erschließen, damit du sagst: »Brannte nicht unser Herz in uns, als er uns die Schriften erschloß?« (Lk 24,32). Er erscheint aber denen, die über ihn nachdenken und nachsinnen, die in seinem Gesetz Tag und Nacht leben (vgl. Ps 1,2). Ihm sei die Ehre und die Herrlichkeit in alle Ewigkeit. Amen.

Origenes will mit der Aufzählung der verschiedenen Schriftsinne klarmachen, daß es um ein immer tieferes Eindringen in den Schrifttext geht. Darin besteht die Freude und die Lebendigkeit eines christlichen Lebens. Es handelt sich also nicht um die Erfüllung einer Pflicht, wenn man die Schrift studiert und sich intensiv mit ihr beschäftigt, sondern man gewinnt mehr Leben. Das soll das Bild vom Brunnen deutlich machen: Wer am Brunnen wohnt, der hat genug zu trinken und damit Lebenskraft in Fülle. Er lebt in Gemeinschaft mit dem auferstandenen Christus, der die Schrift erschließt.

Zu Gen 26

Isaak und die Philister

Von den Brunnen, die Isaak gegraben hat und die von den Philistern zugeschüttet wurden, hören wir mehr in Gen 26. Auch zu diesem Kapitel ist eine Predigt des Origenes überliefert.

Origenes, Homilien zu Genesis 13:
Immer wieder stoßen wir auf die Gewohnheit der Patriarchen, sich um die Brunnen zu bemühen. Denn seht, die Schrift berichtet, daß Isaak, nachdem der Herr ihn gesegnet hatte und er sehr mächtig und reich geworden war (vgl. Gen 26,12f), ein großes Werk in Angriff nahm. Er fing nämlich an, Brunnen zu graben, Brunnen, die seine Knechte zur Zeit seines Vaters Abraham gegraben hatten, die aber die Philister zugeschüttet und mit Erde gefüllt hatten (vgl. Gen 26,15). Zunächst also wohnte er beim Brunnen der Schau (vgl. Gen 25,11) und erleuchtet von diesem Brunnen ging er daran, andere Brunnen zu erschließen, nicht zuerst neue zu graben, sondern die, die sein Vater Abraham gegraben hatte, wieder aufzugraben.

Als er den ersten Brunnen gegraben hatte, wurden die Philister eifersüchtig auf ihn (vgl. Gen 26,14). Aber er ließ sich von ihrer Eifersucht nicht abschrecken und wich vor ihrem Neid nicht zurück. Die Schrift sagt vielmehr: Er grub die Brunnen wieder auf, die die Knechte seines Vaters Abraham gegraben hatten und die die Philister nach dem Tod seines Vaters zugeschüttet hatten. Und er gab ihnen die gleichen Namen, die ihnen sein Vater gegeben hatte (vgl. Gen 26,18). Er grub also jene Brunnen auf, die sein Vater gegraben hatte, die aber durch die Bosheit der Philister mit Erde gefüllt worden waren. Er grub auch andere, neue Brunnen im Tal Gerar, zwar nicht er selbst, aber seine Knechte. Die Schrift sagt, daß er dort einen Brunnen mit lebendigem Wasser fand. Doch die Hirten von Gerar gerieten mit den Hirten Isaaks in Streit. Sie sagten nämlich, das Wasser gehöre ihnen. Darum nannte er den Brunnen ‚Ungerechtigkeit', denn Unrecht hatten sie ihm getan (vgl. Gen 26,19f). Isaak aber wich vor ihrer Bosheit zurück und grub wieder einen anderen Brunnen. Doch sie stritten sich auch um diesen, so nannte er ihn ‚Streit'. Er ging von dort weg, grub wieder einen anderen Brunnen und um diesen stritten sie nicht mehr.

Darum nannte er ihn ‚Weite', denn er sagte: Nun hat uns Gott Raum geschaffen und uns vermehrt auf der Erde (vgl. Gen 26,21f).

Origenes referiert zuerst einmal, was in der Genesis berichtet wird. Isaak ist der Brunnengräber, er erschließt also die Lebensquellen. Dabei hat er Feinde, die von Neid und Eifersucht getrieben werden, das sind die Philister. Auf der buchstäblichen Ebene geht es um die Nutzung des Landes, um Lebenschancen und Rivalität. Aber die Kirchenväter und vor allem Origenes bemühen sich immer, wesentlichere Aussagen in der Heiligen Schrift zu finden; manchmal bemühen sie sich so sehr darum, daß es uns schon künstlich erscheint. Zuerst aber müssen wir versuchen, ihre Sicht mitzuvollziehen.

Brunnenmysterien

Treffend hat der heilige Apostel, als er die Größe der Mysterien bedachte, an einer Stelle gesagt: »Und wer ist dazu fähig?« (2 Kor 2,16) Wir sind ihm zwar weit unterlegen, trotzdem sagen wir in ähnlicher oder vielmehr ganz unähnlicher Weise, wenn wir die großen und erhabenen Mysterien der Brunnen sehen: Und wer ist dazu fähig? Denn wer ist imstande, die Sakramente solcher Brunnen oder dessen, was an ihnen geschieht, zu erklären? Wir müssen den Vater des lebendigen Wortes anrufen, daß er gnädig das Wort in unseren Mund legt, damit wir euch in eurem Durst ein wenig lebendiges Wasser (vgl. Gen 26,19; Joh 4,10) schöpfen können aus diesen reichlich strömenden und vielgestaltigen Brunnen.

Origenes spricht von den Mysterien und Sakramenten der Brunnen. Das bedeutet: Brunnen sind eine irdische Wirklichkeit, die Hinweis ist auf Gottes Wirken und Schenken. Die Menschen haben Durst, und das Wasser, das ihr Verlangen stillt, ist das lebendige Wort, konkret das Wort der Heiligen Schrift, das Origenes mit dieser Predigt auslegt.

Brunnen aufgraben

Es gibt also die Brunnen, die die Knechte Abrahams gruben, aber die Philister füllten sie mit Erde. Diese also will Isaak zuerst einmal reinigen. Die Philister hassen das Wasser und lieben die Erde. Isaak liebt das Wasser und ist immer auf der Suche nach Brunnen; die alten reinigt er und neue gräbt er auf.

Laßt uns unseren Isaak betrachten, der für uns als Opfergabe dargebracht wurde (vgl. Eph 5,2). Er kam ins Tal Gerar, was ‚Mauer' oder ‚Zaun' bedeutet. Er kam, sage ich, um in seinem Fleisch »die trennende Scheidewand niederzureißen« (Eph 2,14). Er kam, um die Mauer, d.h. die Sünde, die uns von Gott trennt, zu zerstören, die Mauer, die zwischen uns und den Kräften des Himmels steht. So wollte er »die beiden Teile vereinigen« (Eph 2,14) und das verirrte Schaf auf seinen Schultern in die Berge zurücktragen, es zu den anderen neunundneunzig zurückführen, die sich nicht verirrt hatten (vgl. Mt 18,12f; Lk 15,4-7).

Dieser Isaak, unser Erlöser, wollte also, als er ins Tal Gerar kam, vor allem die Brunnen aufgraben, die die Knechte seines Vaters gegraben hatten. Er wollte nämlich die Brunnen des Gesetzes und der Propheten erneuern, die die Philister mit Erde gefüllt hatten.

Die Brunnen sind schon da, grundsätzlich ist das Leben für die Menschen zugänglich, aber da gibt es die lebensfeindliche Macht der Sünde, die alle von Gott trennt. Ohne die gedanklichen Zwischenschritte zu nennen, spricht Origenes deshalb von der Wirklichkeit der Erlösung, die er in dem Brunnen-Aufgraben des Isaak erkennt. Für die Erlösung führt er dann zunächst zwei andere biblische Bilder an: das Niederreißen der Trennwand und das Zurückholen des verirrten Schafes. Auf das eine Bild kommt er, weil der Name des Tales in seiner Bedeutung ihn zu der Epheserbriefstelle führt. Wenn man diese Etymologie nicht kennt, kann man diesen Bezug nicht finden. Dann kommt er auf das Brunnenaufgraben zurück.

Doch was sind das für Leute, die die Brunnen mit Erde füllen? Ohne Zweifel diejenigen, die im Gesetz das irdische und fleischliche Verständnis gelten lassen und das geistige, dem Mysterium entsprechende, ausschließen, so daß sie weder selbst trinken, noch es anderen gestatten. Höre unseren Isaak, den Herrn Jesus, im Evangelium sagen: »Wehe euch, ihr Schriftgelehrten und Pharisäer! Ihr habt den Schlüssel zur Erkenntnis weggenommen. Ihr selbst seid nicht hin-

eingegangen, und die, die hineingehen wollten, habt ihr daran gehindert« (Lk 11,52). Diese also sind es, welche die Brunnen, die die Knechte Abrahams gegraben hatten, mit Erde füllten; sie legen das Gesetz auf fleischliche Weise aus und trüben das Wasser des Heiligen Geistes. Sie haben die Brunnen nicht, um Wasser aus ihnen zu schöpfen, sondern um Erde hineinzuschütten. Diese Brunnen also will Isaak aufgraben.

Worin besteht die Feindschaft der Menschen, die die Brunnen zuschütten? Was heißt das ohne Bild? Sie wollen sich von Gott nicht mit dem Leben beschenken lassen. Origenes erkennt im Leben Isaaks dieselbe Gesetzmäßigkeit, die im Leben Jesu Christi viel klarer und grundsätzlicher wirksam wird. Darum spricht er von ‚unserem Isaak', von ‚diesem Isaak, unserem Erlöser'. Auch Isaaks Tun ist erlösend, er stellt wieder her, was verdorben war durch das Tun der feindlich gesinnten Menschen. Ihre Feindschaft gegen Gott und damit auch gegen sich selbst besteht genau darin, daß sie selbst paradoxerweise das Leben nicht annehmen, es aber auch anderen nicht gönnen wollen. Zugänglich ist das Leben Gottes in der Heiligen Schrift, sie enthält das Wasser des Heiligen Geistes. In diesem Ausdruck sind Bild und Wirklichkeit vereint, was man bei Origenes oft findet. Für ihn sind die Bilder der Schrift so in sich überzeugend, daß er keine langen Übergänge braucht, um sie aufzuschließen.

Laßt uns auch sehen, wie er sie aufgegraben hat. Die Schrift berichtet, daß die Knechte Isaaks, d.h. die Apostel unseres Herrn, als sie an einem Sabbat durch die Kornfelder gingen, Ähren abrissen, sie zwischen den Händen zerrieben und aßen (vgl. Mk 2,23; Lk 6,1). Da sagten ihm jene, die die Brunnen seines Vaters mit Erde gefüllt hatten: »Sieh, deine Jünger tun etwas, das am Sabbat verboten ist« (Mt 12,2). Um ihr irdisches Verständnis aufzugraben, sagt er: Habt ihr nicht gelesen, was David tat, als er und seine Begleiter Hunger hatten, wie er zum Priester Abjatar hineinging, er selbst und seine Knechte, und die Schaubrote aß, die außer den Priestern doch keiner essen darf? (vgl. Mt 12,3f) Und er fügte hinzu: »Wenn ihr begriffen hättet, was das heißt: Erbarmen will ich und nicht Opfer, dann hättet ihr nicht Schuldlose verurteilt« (Mt 12,7). Doch was erwidern jene darauf? Sie streiten sich mit seinen Jüngern und sagen: »Dieser Mensch ist nicht von Gott, weil er den Sabbat nicht hält« (Joh 9,16). In dieser Art also grub Isaak die Brunnen auf, die die Knechte seines Vaters gegraben hatten.

Isaak gräbt die Brunnen auf, er will, daß alle genug zu trinken haben. Wenn wir annehmen, daß die Brunnen das Wort Gottes bezeichnen, wie es uns in der Schrift zugänglich wird, dann folgt daraus, daß unser Isaak, Jesus Christus, die Schrift erschließt in einem tieferen Verständnis. Origenes zitiert Stellen aus dem Evangelium, die das deutlich machen. Das eigentliche Versagen des Menschen, die Sünde schlechthin, sieht Origenes immer in der Nichtannahme der Offenbarung Gottes, die dem Menschen das Leben schenken will; Sünde ist also generell Verweigerung. Die gottfeindlichen Menschen wollen nicht zur Erkenntnis kommen und auch andere daran hindern. Wenn man einmal auf diesen Gedanken aufmerksam wird, kann man viele solcher Beispiele im NT finden. Offenkundige Tatsachen werden von den Gegnern Christi nicht anerkannt. Das macht deutlich, worauf Origenes hier hinweisen will, daß zum Erkennen auch immer das Erkennenwollen gehört. Im Bild von den Brunnen bedeutet das: Das Dasein der Brunnen allein reicht nicht aus, man muß sie auch nutzen und nutzen wollen.

Die verschiedenen Brunnen der Heiligen Schrift

Ein Knecht seines Vaters war Mose, der den Brunnen des Gesetzes gegraben hatte. Knechte seines Vaters waren David, Salomo, die Propheten und alle jene, die die Bücher des Alten Testamentes geschrieben hatten. Das irdische und schmutzige Verständnis der Juden hatte sie zugeschüttet. Als Isaak es reinigen und zeigen wollte, daß von ihm gesagt ist, was auch immer in Gesetz und Propheten steht, gerieten die Philister mit ihm in Streit. Doch er ging von ihnen weg, denn er kann nicht bei denen sein, die in den Brunnen kein Wasser, sondern Erde haben wollen. So sagt er zu ihnen: »Seht, euer Haus wird euch verödet überlassen« (Mt 23,38).

Isaak gräbt auch neue Brunnen, vielmehr die Knechte Isaaks graben sie. Die Knechte Isaaks sind Matthäus, Markus, Lukas, Johan-

nes; seine Knechte sind Petrus, Jakobus, Judas; sein Knecht ist der Apostel Paulus. Sie alle graben die Brunnen des Neuen Testamentes. Aber auch um diese streiten, die »Irdisches im Sinn haben« (Phil 3,19). Sie dulden weder, daß Neues errichtet noch Altes gereinigt wird. Sie widersprechen den Brunnen des Evangeliums, sie befeinden die der Apostel. Da sie aber in allem widersprechen, um alles streiten, wird zu ihnen gesagt: Weil ihr euch als unwürdig für die Gnade Gottes erwiesen habt, werden wir von nun an zu den Heiden gehen (vgl. Apg 13,46; 18,6).

Danach also grub Isaak einen dritten Brunnen und nannte ihn ‚Weite', denn er sagte: »Nun hat uns Gott Raum geschaffen und uns auf der Erde vermehrt« (Gen 26,22). Denn wahrhaftig wurde Isaak Raum geschaffen und sein Name über die ganze Erde verbreitet, als er uns die Erkenntnis der Dreifaltigkeit voll und ganz schenkte. Früher nämlich war Gott nur in Juda bekannt, und nur in Israel wurde sein Name genannt (vgl. Ps 76,2). Jetzt aber geht in alle Welt sein Schall hinaus und sein Wort bis an die Enden der Erde (vgl. Ps 19,5). Denn die Knechte Isaaks zogen aus über den ganzen Erdkreis, gruben Brunnen und zeigten allen das lebendige Wasser, indem sie alle Völker im Namen des Vaters, des Sohnes und des Hl. Geistes tauften (vgl. Mt 28,19). »Denn dem Herrn gehört die Erde und ihr ganzer Reichtum« (Ps 24,1).

Die Brunnen Abrahams sind das ganze AT. Ohne Christus und ohne das Verständnis, das Christus uns schenkt, geht es in ihm um irdische und nicht immer moralisch hochstehende Geschichten. Solche Brunnen, d.h. das ganze AT, müssen also von Christus aufgegraben werden, damit sie lebendiges Wasser, d.h. Erkenntnis Gottes für den glaubenden Menschen, hergeben. Die neuen Brunnen, die Isaak gräbt, sind das NT. Sie geben noch reichlicher Wasser her, wie Origenes in anderem Zusammenhang erklärt. Aber auch sie werden nicht ohne weiteres als Lebensquellen angenommen. Das Neue an ihnen ist die Erkenntnis der Dreifaltigkeit, die im AT noch nicht zugänglich war. Außerdem führt das NT in die Weite der ganzen Welt, weil alle Völker von ihm angesprochen werden. Die Offenbarung des AT und NT ist also ein Brunnen oder es sind vielmehr viele Brunnen lebendigen Wassers. Diese Brunnen spenden bis heute ihr Wasser, das Leben gibt.

Gen 26

Brunnen im Innern des Menschen

Sieh, daß wohl auch in der Seele eines jeden von uns ein Brunnen lebendigen Wassers ist, nämlich ein gewisses Verständnis für das Himmlische und das verborgene Bild Gottes. Diesen Brunnen haben die Philister, d.h. die feindlichen Mächte, mit Erde angefüllt. Mit was für Erde? Mit fleischlichem Verständnis und irdischen Gedanken, und so haben wir das Bild des Irdischen getragen (vgl. 1 Kor 15,49). Damals also, als wir das Bild des Irdischen trugen, haben die Philister unsere Brunnen gefüllt. Jetzt aber, da unser Isaak gekommen ist, wollen wir sein Kommen annehmen und unsere Brunnen graben, aus ihnen die Erde entfernen, sie reinigen von allem Schmutz und von allen lehmigen, irdischen Gedanken. So werden wir in ihnen lebendiges Wasser finden, das Wasser, von dem der Herr sagt: »Wer an mich glaubt: Aus seinem Inneren werden Ströme lebendigen Wassers fließen« (Joh 7,38). Sieh, wie groß die Freigebigkeit des Herrn ist: Die Philister füllten die Brunnen und beneideten uns um die dünnen, dürftigen Wasseradern; doch an ihrer Statt werden uns Quellen und Ströme geschenkt.

Nicht nur von außen her hat das Volk Gottes Zugang zu den Brunnen, d.h. das Wort Gottes begegnet dem Menschen nicht nur in der Heiligen Schrift. Jeder Mensch ist ja nach dem Wort Gottes geschaffen, nach dem einzigen vollkommenen Bild Gottes, das der Sohn ist. So hat jeder das Wort Gottes auch in sich oder vielmehr einen Zugang zum Wort Gottes. Man kann darum auch davon sprechen, daß jeder Mensch einen Brunnen in sich selbst hat. Dieser Gedanke ist für Origenes sehr wichtig. So hängen in seiner Theologie Schöpfung und Erlösung, Natur und Übernatur eng zusammen.

Wenn ihr also das, was ihr heute hört, im Glauben aufnehmt, wirkt Isaak auch in euch und reinigt euer Herz von irdischem Denken. In der Erkenntnis, daß so große Mysterien in der Heiligen Schrift verborgen sind, wachst ihr in der Einsicht und wachst in geistlichem Verständnis. So werdet ihr auch selbst zu Lehrern und aus euch werden Ströme lebendigen Wassers hervorquellen. Denn das Wort Gottes ist da und es wirkt jetzt, um aus der Seele eines jeden von euch die Erde wegzuschaffen und deine eigene Quelle aufzugraben. Denn es ist in dir und kommt nicht von außen, wie auch die Herrschaft Gottes in dir ist (vgl. Lk 17,21).

Der Zugang zum Wasser des Lebens, der in jedem Menschen vorhanden ist, ermöglicht einem jeden, das Wort Gottes in der Heiligen Schrift mit dem richtigen Verständnis aufzunehmen, d.h. mit dem Verständnis, das Leben gibt. In diesem Vorgang, bei dem Brunnen lebendigen Wassers erschlossen werden und also Leben geschenkt wird, erkennt Origenes den Vorgang der Erlösung. Die Grundaussage dieser Predigt ist: Unser Isaak ist Jesus Christus, weil er uns erlöst aus dem Tod und zum Leben befreit.

Die Bedeutung Isaaks

Am Ende des Kapitels 26, das von den Brunnen Isaaks spricht, wird von der Erscheinung des Herrn an Isaak berichtet. Das gibt Origenes Anlaß, die Bedeutung Isaaks zusammenzufassen. Weil Isaak Christus deutlich machen soll, dieser aber so vielfältige Bedeutung für den Menschen hat, darum ist auch Isaak in ganz unterschiedlicher Weise ein Hinweis auf den Herrn Jesus Christus, das Wort Gottes.

Origenes, Homilien zu Genesis 14:
Beim Propheten steht geschrieben, daß der Herr sagt: Die Propheten haben in Bildern von mir gesprochen (vgl. Hos 12,11). Dieses Wort deutet folgendes an: Unser Herr Jesus Christus ist zwar seiner Substanz nach einer und kein anderer als der Sohn Gottes, und doch erscheint er in den Bildern und Gleichnissen der Schriften vielfältig und unterschiedlich, um z.B. an das zu erinnern, was wir oben ausgeführt haben: Er wurde von Isaak vorgebildet, als er zum Brandopfer dargebracht werden sollte, aber genauso war der Widder ein Gleichnis für ihn. Ich behaupte weiter, daß in dem Engel, der zu Abraham sprach und ihm sagte: »Strecke deine Hand nicht gegen den Knaben aus« (Gen 22,12), er selbst gezeigt ist, der wiederum zu ihm sagt: »Weil du das getan hast, werde ich dich mit Segen segnen« (Gen 22,16f). Schaf oder Lamm, das an Pascha geschlachtet wird, wird er genannt und als Hirte der Schafe wird er bezeichnet (vgl. Joh 10,11). Dazu wird ihm auch der Titel des Hohenpriesters, der das

Opfer darbringt, zugeschrieben (vgl. Hebr 5,1). Genauso wird er als das Wort Gottes Bräutigam genannt, wie er auch als die Weisheit Braut genannt wird. So sagt der Prophet in seinem Namen: »Wie dem Bräutigam hat er mir den Kopfschmuck aufgesetzt, wie die Braut mich mit Geschmeide geschmückt« (Jes 61,10). Und so gibt es noch vieles andere, und es dauert zu lange, es jetzt zu verfolgen.

Wir haben gesagt, daß die Gestalt des Isaak einen Zugang zu Jesus Christus gewährt, weil man ihn in Isaak in vielfältiger Gestalt erkennen kann. Das faßt Origenes hier zusammen. Jesus Christus ist, wie man in der Geschichte Isaaks erkennen kann, der Verschonte und der Geopferte, das rettende und verheißende Wort Gottes, das Opfer, das Rettung bringt, und der Priester, der es darbringt. Er ist auch der Bräutigam der Kirche und sogar die Braut, die von Gott geschmückt wird. Er ist Gott und Mensch zugleich, Gott, der den Menschen mit sich vereint, und Mensch, der ganz von Gott in Besitz genommen wird.

Origenes spricht oft in seinen Werken, wie er auch hier im letzten Satz andeutet, von den verschiedenen Zugängen zu Jesus Christus, die uns in der Schrift gegeben werden. Wir können ihn in verschiedenen Bildern und in den verschiedenen Ich-bin-Aussagen fassen und zu erkennen suchen.

Wie also der Herr selbst dem Ort und der Zeit gemäß seine einzige Gestalt verschiedenen Gegebenheiten anpaßt, so muß auch von den Heiligen geglaubt werden, die sein Bild trugen, daß sie den Orten, Zeiten und Gegebenheiten gemäß die Abbilder der Mysterien darstellen. Das sehen wir auch nun in Isaak verwirklicht, von dem uns vorgelesen wurde: »Er stieg dann«, heißt es, »zum Schwurbrunnen hinauf, und ihm erschien der Herr in jener Nacht und sprach: Ich bin der Gott deines Vaters Abraham, fürchte dich nicht. Denn ich bin mit dir und werde dich segnen und deine Nachkommmenschaft werde ich vermehren wegen deines Vaters Abraham« (Gen 26,23f).

Der Apostel zeigt uns zwei Darstellungen dieses Isaak. Einmal wo er sagt, daß Ismael als Sohn der Hagar die Darstellung des Volkes gemäß dem Fleisch trägt, Isaak aber des Volkes, das aus dem Glauben ist (vgl. Gal 4,24f). Und dann, wo er sagt: »Er sagt nicht: und deinen Samen, als wären es viele, sondern deinem Samen, als einem, d.h. Christus« (Gal 3,16). Isaak trägt also das Abbild des Volkes und das Christi. Es ist aber sicher, daß Christus als das Wort Gottes nicht allein in den Evangelien spricht, sondern auch im Gesetz und in den Propheten. Tatsächlich lehrt er im Gesetz die Anfänger, in den Evangelien die Vollkommenen. Isaak stellt also bildhaft das Wort dar, das im Gesetz und in den Propheten ist.

Isaak verkörpert das Volk, weil er einer seiner Stammväter ist und weil er aus der Verheißung Gottes geboren ist und daher wesentlich durch den Glauben gekennzeichnet ist. Er trägt auch das Abbild Christi als des Wortes Gottes, gerade in seinem erlösenden Tun am Menschen. Das Wort Gottes schenkt ja dem Menschen Zugang zu Gott und damit das wahre Leben. Es ist das Wort der ganzen Heiligen Schrift, das wieder für verschiedene Menschen und auch verschiedene Situationen Lebenskraft spenden kann.

Isaak stieg also zum Schwurbrunnen hinauf, und es erschien ihm der Herr. Wir haben schon früher gesagt, daß der Aufstieg des Gesetzes die Pracht des Tempels ist und das, was in ihm an heiligem Dienst verrichtet wurde. Auch daß die Propheten noch dazukommen, kann als Aufstieg des Gesetzes bezeichnet werden. Und vielleicht wird darum gesagt, daß er zum Schwurbrunnen emporstieg und ihm dort der Herr erschien. Denn durch die Propheten schwor der Herr und es wird ihn nicht reuen, er sei Priester auf ewig nach der Ordnung Melchisedeks (vgl. Ps 110,4). Am Schwurbrunnen also erscheint ihm Gott, seine Verheißung für die Zukunft zu bekräftigen. »Und Isaak baute ihm dort einen Altar und rief den Namen des Herrn an und schlug dort sein Zelt auf. Und die Knechte Isaaks gruben dort einen Brunnen« (Gen 26,25). Auch dort gräbt Isaak einen Brunnen und niemals hört er auf, Brunnen zu graben, bis die Quelle lebendigen Wassers entspringt und der »Wasserstrom die Stadt Gottes erfreut« (Ps 46,5).

Aufstieg des Gesetzes bedeutet Höhepunkt des Gesetzes, Zielpunkt des Gesetzes. Das ist der Dienst im Heiligtum, die größtmögliche Nähe zu Gott, die dem Volk der Juden geschenkt war. Auch das tiefere Verständnis der Propheten kann als Aufstieg des Gesetzes bezeichnet werden, weil es durch die Propheten noch mehr und intensiver erschlossen und in seiner Bedeutung ausgeweitet wird. Niemals hört Isaak auf, Brunnen zu graben, weil er das in unserem Herrn Jesus Christus verwirklicht bis in alle Ewigkeit.

3. Jakob und Israel

ZU GEN 25

Die Geburt Jakobs

Gehen wir der Geschichte des Jakob nach. Zunächst ist seine Geburt zu bedenken, weil sie wie bei allen heiligen und auserwählten Menschen besondere Züge trägt. Von dieser Geburt her bekommt Jakob seinen Namen. Er ist ein Zwilling und überlistet seinen älteren Bruder schon im Mutterleib. Die Mutter Rebekka weiß nicht, was sie von der Bewegung in ihrem Leib halten soll, und fragt Gott um Rat. Offenbar geht es um den Heilsplan Gottes, der mit den Kindern etwas Besonderes vorhat. Dazu sagt Origenes:

Origenes, Homilien zu Genesis 12:
Es heißt hier von Rebekka, daß sie ging, den Herrn zu befragen; das dürfen wir nicht so verstehen, als sei sie mit den Füßen weggegangen, sondern so, daß sie im Geist vorangeschritten ist. Wenn auch du also angefangen hast, nicht auf das Sichtbare, sondern auf das Unsichtbare, d.h. nicht auf das Fleischliche, sondern das Geistige zu schauen, nicht auf das Gegenwärtige, sondern das Zukünftige, dann wirst auch du sagen können, daß du gehst, den Herrn zu befragen.

Der Herr sagte also zu ihr: »Zwei Geschlechter sind in deinem Schoß; und zwei Völker aus deinem Schoß werden sich voneinander trennen; das eine Volk wird das andere überwinden, und der Ältere wird dem Jüngeren dienen« (Gen 25,23). Ich glaube, das kann auch von jedem einzelnen von uns gesagt werden, weil jeder zwei Geschlechter und zwei Völker in sich hat. Denn in uns ist sowohl das Volk der Tugenden als auch genauso das Volk der Laster. Denn aus unserem Herzen kommen schlechte Gedanken, Ehebruch, Diebstahl, falsches Zeugnis (vgl. Mt 15,19), Täuschungen, Streitereien, Spaltungen, Neid, Völlerei und dergleichen. Du siehst, wie groß das Volk der Bösen in uns ist! Wenn wir aber mit dem Wort der Heili-

gen sagen dürfen: »Durch die Furcht vor dir, Herr, haben wir im Schoß empfangen und geboren, den Geist deines Heils ließen wir auf der Erde offenbar werden« (Jes 26,18), dann wird sich auch das andere Volk in uns finden, das vom Geist gezeugt ist. Denn »die Frucht des Geistes ist Liebe, Freude, Friede, Geduld, Güte, Milde, Enthaltsamkeit, Keuschheit« (Gal 5,22f) und dergleichen.

Du siehst auch das andere Volk, das auch in uns ist: aber dieses ist jünger, jenes älter. Denn es gibt immer mehr Böse als Gute, und zahlreicher sind die Laster als die Tugenden. Aber wenn wir so sind wie Rebekka und von Isaak, d.h. dem Wort Gottes, Nachkommenschaft haben dürfen, dann wird auch in uns das eine Volk das andere überwinden, und der Ältere wird dem Jüngeren dienen. Denn dann wird das Fleisch dem Geist dienen und die Laster werden den Tugenden weichen.

Rebekka spürt eine Auseinandersetzung in sich und kann sie nicht deuten. Um die Geschichte nicht nur auf die Vergangenheit zu beziehen, sondern ihre Aktualität zu zeigen, beschreibt Origenes hier noch einen anderen Weg. Er zeigt den Zwiespalt in jedem Glaubenden, von dem man auch als von einem Zwiespalt zwischen zwei Völkern sprechen kann. Denn auch jeder einzelne Glaubende steht in der grundsätzlichen Auseinandersetzung zwischen Glauben und Unglauben, zwischen Gehorsam Gott gegenüber und dem Ungehorsam. Von zwei Völkern kann man deshalb sprechen, weil Laster und Tugenden vielfältig ausgeprägt sind.

Es heißt: »Und es erfüllten sich die Tage, da sie gebären sollte, und es waren Zwillinge in ihrem Schoß« (Gen 25,24). Diese Wendung, daß sich die Tage erfüllten, da sie gebären sollte, steht in der Schrift fast nur bei den heiligen Frauen. Es wird von Rebekka gesagt und von Elisabeth, der Mutter des Johannes, und von Maria, der Mutter unseres Herrn Jesus Christus. Deshalb scheinen mir solche Geburten etwas Außerordentliches und für Menschen Ungewöhnliches zu bezeichnen und die Erfüllung der Tage scheint mir anzudeuten, daß eine vollkommene Nachkommenschaft entsteht. Es heißt: »Es kam aber der erste Sohn hervor, rötlich und ganz behaart wie ein Fell; man nannte ihn Esau. Danach kam sein Bruder hervor; seine Hand hatte die Ferse Esaus umklammert; und man nannte ihn Jakob«

(Gen 25,25f). In einer anderen Schrift heißt es, daß Jakob seinen Bruder im Mutterschoß betrog und der Beweis dafür sei, daß seine Hand die Ferse seines Bruders Esau umklammert hielt (vgl. Hos 12,4). Esau kam aus dem Schoß seiner Mutter hervor, ganz behaart wie ein Fell, Jakob aber glatt und einfach. Darum erhielt Jakob seinen Namen vom Kämpfen und Betrügen her; Esau dagegen, nach der Meinung derer, die die hebräischen Namen erklären, wird offensichtlich entweder nach der roten Farbe oder nach der Erde benannt, d.h. rötlich oder irdisch, oder wie andere meinten, er wird als Geschöpf bezeichnet.

Durch genaue Beobachtung der Redewendungen der Schrift bemerkt Origenes, daß von der Erfüllung der Zeit nur bei den heiligen und für die Heilsgeschichte besonders bedeutsamen Frauen die Rede ist. Auch die so geborenen Kinder müssen etwas Besonderes sein. Die Zwillinge sind so unterschiedlich, wie sie nur sein können. Durch sein Äußeres ist Esau als ein irdischer und rauher Mensch gekennzeichnet, Jakob als schlicht und einfach. Die Genesis bewertet das zunächst nicht, wohl aber der Prophet Hosea. Er sagt: »Schon im Mutterleib herting er seinen Bruder, und als er ein Mann war, rang er mit Gott. Doch dieser Händler hat eine falsche Waage in der Hand, er liebt den Betrug« (Hos 12,4.8). Darauf spielt Origenes an. Der Name gibt einen Hinweis auf das Wesen der Person, ein biblischer Gedanke, den Origenes oft aufnimmt.

Jakob steht also von seinem ersten Anfang an in der Auseinandersetzung und im Streit. Gerade in dieser Hinsicht ist er Vorausbild Christi. Denn Christus ist der Stein des Anstoßes, an ihm scheiden sich die Geister, er kämpft und erringt den Sieg. Wie Jakob in seinem Leben und Kämpfen Christus im voraus darstellt, das zeigt Irenäus am deutlichsten:

Irenäus, Gegen die Häresien 4,21,3:

Wer auch noch die Taten Jakobs untersucht, dem wird aufgehen, daß sie nicht inhaltsleer, sondern voll von Elementen der Heilsplanung sind. Vor allem bei seiner Geburt, wie er da die Ferse seines Bruders festhielt und darum Jakob (Fersenhalter) genannt wurde (vgl. Gen 25,26), was so viel heißt wie »der ein Bein stellt«; er hielt, wurde aber selbst nicht gehalten; er band die Füße, wurde aber selbst nicht gebunden; er kämpfte und siegte, wobei er die Ferse seines Gegners, das heißt den Sieg, mit der Hand festhielt. Dazu wurde der Herr nämlich geboren, von dessen Geburt Jakob das Vorausbild darstellte. Von ihm sagt auch Johannes in der Apokalypse: »Siegreich zog er aus, um zu siegen« (Offb 6,2).

Dann bekam er das Erstgeburtsrecht, weil sein Bruder es gering einschätzte (vgl. Gen 25,32.34). So hat auch das jüngere Volk jenen erstgeborenen (vgl. Kol 1,15) Christus aufgenommen, als das ältere Volk ihn mit den Worten verwarf: »Wir haben keinen König als den Kaiser« (Joh 19,15). In Christus ist aber der ganze Segen. Darum nahm das spätere Volk die Segnungen, die das frühere Volk vom Vater hatte, an sich, wie Jakob den Segen dieses Esau davontrug. Aus diesem Grund mußte der Bruder Nachstellungen und Verfolgungen seines Bruders ertragen, wie die Kirche eben das Gleiche von den Juden ertragen muß. In der Fremde entstand das Geschlecht Israels aus zwölf Stämmen, weil auch Christus in der Fremde damit begann, die Stütze der Kirche aus zwölf Säulen zu errichten.

Jakob bekam buntscheckige Schafe zum Lohn (vgl. Gen 30,32), und Christi Lohn sind die Menschen, die aus den mannigfachen und verschiedenartigen Völkern zu einer einzigen Schar des Glaubens zusammenfinden, wie der Vater es ihm verheißen hat mit den Worten: »Fordere von mir und ich gebe dir die Völker zu deinen Erben und zu deinem Eigentum die Enden der Erde« (Ps 2,8).

Und weil Jakob aufgrund der Menge der Söhne Prophet des Herrn war, mußte er aus den beiden Schwestern Kinder zeugen wie Christus aus den beiden Gesetzen ein und desselben Vaters, aber genauso aus den Mägden, um damit anzuzeigen, daß Christus Freie und Knechte dem Fleische nach zu Kindern Gottes macht, indem er allen gleichermaßen das Geschenk des Geistes gibt, der uns lebendig macht. All das tat er der jungen Rahel mit ihren schönen Augen zuliebe, die im voraus die Kirche darstellte und derentwegen Christus litt. Er hat durch seine Patriarchen und Propheten damals die Zukunft vorweg dargestellt, um zuvor schon seinen Anteil an den Heilstaten Gottes einzuüben und sein Erbe an den Gehorsam gegen Gott zu gewöhnen, in der Welt als Fremder zu leben, seinem Wort zu folgen und die Zukunft im voraus anzuzeigen. Denn nichts ist ohne tieferen Sinn und Zeichenwert bei ihm.

Der letzte Satz dieses Textes aus Irenäus liefert den Schlüssel zum Verständnis. Jakob ist schon bei seiner Geburt ein Kämpfer. Er siegt, weil ihm die Verheißung zuteil wird, daß er als der jüngere Sohn den älteren übertreffen wird. Mit diesem Sieg weist er auf Christus, der gegen die Macht des Teufels kämpft und siegreich ist. Jakob hat auch darin über seinen Bruder gesiegt, daß er ihm das Erstgeburtsrecht weggenommen hat. Die Bezugnahme auf Christus sieht Irenäus darin, daß das jüngere Volk, die Kirche aus den Heiden, statt des älteren das Vorrecht der Erstgeburt empfing, weil es an Christus geglaubt hat, der der Erstgeborene vor aller Schöpfung ist.

Jakob mußte in der Fremde leben, weil sein Bruder ihn haßte. Dort hat er seine zwölf Söhne bekommen, die Stammväter des Volkes der Juden. Auch Christus hat seine zwölf Apostel in der Fremde, damit meint Irenäus wohl das heidnische Galiläa, berufen und um sich gesammelt. Die seltsame Geschichte, die von Jakob erzählt wird, wie er zu seiner großen Herde kam, die aus buntscheckigen Schafen bestand, wird von Irenäus auch auf Christus bezogen, der so verschiedenartige Menschen aus den verschiedenen Völkern in seiner Herde sammelte. Die beiden Frauen Jakobs stellen die beiden Gesetze dar, aber außer den Freien hat Jakob auch noch Mägde als Nebenfrauen. Freie und Mägde dürfen in Christus das Geschenk des Lebens, den Heiligen Geist empfangen. Wenn man all das in den Patriarchengeschichten schon sehen kann, dann ist das eine Einübung – dieser Gedanke kommt bei Irenäus immer wieder vor – für das Verständnis der Heilstaten Gottes und die entsprechende Bereitschaft, sich durch diese Heilstaten führen und gestalten zu lassen.

ZU GEN 28

Die Auserwählung

Augustinus, Vom Gottesstaat 16,38:
Jakob wird von seinen Eltern nach Mesopotamien geschickt, sich von dort eine Frau zu holen. Der Vater entläßt ihn mit diesen Worten: »Nimm nicht ein Weib von den Töchtern Kanaans, sondern mache dich auf und fliehe nach Mesopotamien zum Hause Betuels,

des Vaters deiner Mutter, und nimm dir daselbst ein Weib von den Töchtern Labans, des Bruders deiner Mutter. Mein Gott aber segne dich, mache dich fruchtbar und mehre dich, daß du zu Völkerscharen werdest, und gebe dir den Segen Abrahams, deines Vaters, dir und deinem Samen nach dir, daß du besitzest das Land, darin du wohnst, das Gott Abraham gegeben hat« (Gen 28,1-4). Hier sehen wir bereits den Samen Jakobs von dem anderen Samen Isaaks, der ihm aus Esau erwuchs, getrennt. Denn als gesagt ward: »In Isaak wird dein Same genannt werden« (Gen 15,4), der Same nämlich, der den Gottesstaat bildet, wurde zwar ebenfalls ein anderer Same Abrahams ausgeschieden, nämlich der im Sohne der Magd, sowie der spätere in den Söhnen der Ketura. Aber bei den Zwillingssöhnen Isaaks war es noch zweifelhaft, ob der Segen beiden oder nur einem, und wenn nur einem, dann welchem von ihnen gelten würde. Das klärt sich nun, da Jakob von seinem Vater prophetisch gesegnet und ihm gesagt wird: »Du wirst zu Völkerscharen werden, und Gott gebe dir den Segen deines Vaters Abraham«.

Jakob mußte von seinem Bruder Esau getrennt werden, um den verheißenen Segen Gottes zu empfangen. Gott erwählt sich jeweils seinen Segensträger, er wählt aus; schon bei den Söhnen Abrahams sind wir diesem Gesetz begegnet, jetzt auch bei den Söhnen Isaaks. Nur Jakobs Söhne werden insgesamt als Volk Gottes angenommen. Wenn Augustinus die Geschichte des Gottesstaates verfolgt, dann ist das diese Geschichte der Erwählung Gottes. Gott trennt seine Erwählten von den anderen, Jakob von seinem Bruder Esau.

Die Vision der Himmelsleiter

Jakob, der Patriarch, der für das ganze Volk steht, bekommt in seiner Vision und in seinem Segen die Zusicherung der beständigen Beziehung zu Gott. Die Leiter von der Erde zum Himmel, an deren oberen Ende Gott steht, ist das Zeichen für den Bund mit Gott. Die Kirchenväter erklären auf verschiedene Weise, wie in diesem Zeichen schon der Neue Bund sichtbar wird, der in Christus und in seinem Kreuzestod geschlossen wird. Augustinus gibt folgende Deutung:

Gen 28

Nicht wie Götzendiener tun, begoß Jakob den Stein mit Öl, um ihn damit zu einer Art Gott zu machen, betete den Stein auch nicht an und opferte ihm nicht. Sondern weil der Name Christus sich von Chrisma, das ist Salbung, herleitet, liegt hier unfraglich ein Gleichnis vor, das ein tiefes Geheimnis in sich birgt. Wir müssen daran denken, daß uns der Heiland selbst im Evangelium jene Leiter ins Gedächtnis ruft. Denn nach seinem Wort über Nathanael: »Siehe, ein rechter Israelit, an dem kein Falsch ist« (Joh 1,47), das darauf hindeutet, daß Israel – das ist Jakob – dies Gesicht geschaut hatte, fährt er alsbald fort: »Wahrlich, wahrlich, ich sage euch, ihr werdet den Himmel offen sehen und die Engel Gottes hinauf- und herabfahren auf des Menschen Sohn« (Joh 1,51).

Augustinus erkennt den Hinweis auf Christus in dem Stein, den Jakob unter sein Haupt gelegt hatte und den er dann salbte. Daß Gen 28 im Evangelium zitiert wird, macht die Auslegung der Väter ganz allgemein gültig und naheliegend, wenn wir auch nicht alle Zusammenhänge spontan erkennen würden. Justin erwähnt wie Augustinus außer dem Stein auch die Salbung als Hinweis auf Christus (*Justin*, Dialog mit dem Juden Tryphon 86,3). Die Leiter kann als das Kreuz des Herrn verstanden werden, so sagt Cäsarius von Arles, weil das Kreuz Himmel und Erde verbindet (*Cäsarius von Arles*, Predigt 87,3).

Immer geht es um die Verbindung mit Gott, die dem Jakob hier im Traum gezeigt wird, die in unserem Herrn Jesus Christus voll und ganz verwirklicht wird. Er ist das lebendige Wort Gottes. Die beiden Holme der Leiter sind die beiden Testamente, die das Wort Gottes zu den Menschen bringen. Engel vermitteln zwischen Himmel und Erde. Sie bringen das Wort Gottes hinab und hinauf. Deshalb erkennen die Kirchenväter in ihnen die Verkünder des Evangeliums. Augustinus faßt die ganze Erklärung der Stelle zusammen in einer Predigt zum Johannesevangelium, in dem ja die Erfüllung der alttestamentlichen Verheißung in dem Wort des Herrn gezeigt wird.

Augustinus, Vorträge zum Johannesevangelium 7:
Schon habe ich einmal von diesen auf- und niedersteigenden Engeln gesprochen. Was sah Jakob damals auf der Leiter? Auf- und niedersteigende Engel. So verhält es sich auch mit der Kirche, Brüder; die

Engel Gottes sind die guten Prediger, die Christus verkündigen, d.h. sie steigen über dem Menschensohn auf und nieder. Wie steigen sie hinauf, wie steigen sie nieder? An einem haben wir ein Beispiel: Höre den Apostel Paulus; was wir an ihm finden, das wollen wir betreffs der anderen Prediger glauben. Siehe, wie Paulus hinaufsteigt: »*Ich kenne einen Menschen in Christus, der wurde vor vierzehn Jahren bis in den dritten Himmel entrückt (ob im Leibe oder außer dem Leibe, weiß ich nicht, Gott weiß es) und hörte unaussprechliche Worte, die einem Menschen nicht gestattet sind zu sagen*« *(2 Kor 12,2-4).*

Ihr habt nun gehört, wie er hinaufsteigt; hört, wie er niedersteigt. »*Ich konnte zu euch nicht reden als zu Geistigen, sondern als zu Fleischlichen; als kleinen Kindern in Christo habe ich euch Milch zum Trank gegeben, nicht Speise*« *(1 Kor 3,1f). Siehe, herabsteigt der, welcher hinaufgestiegen war. Frage, wohin er aufgestiegen war.* »*Bis in den dritten Himmel.*« *Frage, wohin er hinabstieg. Bis zur Darreichung der Milch an die Kleinen. Höre, daß er hinabstieg.* »*Ich bin*«, *sagt er,* »*klein geworden mitten unter euch, wie eine Amme ihre Kinder pflegt*« *(1 Thess 2,7). Wir sehen nämlich, wie Ammen und Mütter zu den Kindern herabsteigen, und wenn sie lateinische Wörter auszusprechen verstehen, verstümmeln sie dieselben und zerstoßen gewissermaßen ihre Sprache, damit aus der Rednersprache kindliche Koseworte werden können; denn wenn sie so reden, hört das Kind nicht, es macht aber auch keine Fortschritte. Und ein redegewandter Vater, wenn er auch ein solcher Redner ist, daß von seiner Sprache der Marktplatz erdröhnt und die Tribünen erschüttert werden, er legt, wenn er ein kleines Kind hat, sobald er nach Hause gekommen, die forensische Beredsamkeit, zu der er sich aufgeschwungen hatte, beiseite und steigt in kindlicher Sprache zum Kinde herab.*

Höre an einer Stelle den Apostel, wie er hinauf- und herabsteigt, in einem Satze: »*Denn sei es*«, *sagt er,* »*daß wir uns im Geiste überheben, es geschieht für Gott; sei es, daß wir uns bescheiden, es geschieht für euch*« *(2 Kor 5,13). Was heißt das:* »*Wir erheben uns im Geiste für Gott*«? *Um das zu sehen,* »*was einem Menschen nicht gestattet ist zu sagen*«. *Was heißt:* »*Wir bescheiden uns für euch*«? »*Habe ich etwa erachtet, unter euch etwas zu wissen, außer Jesus Christus, und zwar den Gekreuzigten?*« *(1 Kor 2,2). Wenn der Herr selbst hinauf- und hinabstieg, so ist klar, daß auch seine Prediger durch Nachahmung hinaufsteigen, durch die Lehrverkündigung hinabsteigen.*

Christus bezeichnet sich selbst als den wahren Jakob, wenn er sagt, daß die Apostel über ihm die Engel auf- und niedersteigen sehen werden. Diese Engel deutet Augustinus als die Prediger des Wortes Gottes. Sie steigen zu Gott auf, wenn sie ihn erkennen und ihm begegnen, und steigen hinab, wenn sie diese Erkenntnis zu den Menschen bringen und sie ihnen vermitteln. Wir würden in heutiger Terminologie sagen: Auf- und Niedersteigen sind Theologie und Pastoral.

Dasselbe bekräftigt Cäsarius von Arles in seiner Predigt über diese Perikope, er bringt Beispiele, die noch leichter verständlich sind:

Cäsarius von Arles, Sermo 87:
Gebt gut acht, Brüder, wie die Engel Gottes zum Menschensohn im Himmel aufsteigen und zu demselben Menschensohn auf die Erde herabsteigen. Immer dann nämlich, wenn die Verkünder Gottes Hohes und Tiefes aus den Heiligen Schriften verkündigen, das nur von den Vollkommenen verstanden werden kann, steigen sie auf zum Menschensohn. Wenn sie aber verkündigen, was sich auf die Besserung der Sitten bezieht und was jedermann verstehen kann, steigen sie hinab zum Menschensohn. So sagt auch der Apostel: »Weisheit verkündigen wir unter den Vollkommenen, aber nicht Weisheit dieser Welt oder der Machthaber dieser Welt, sondern die geheime und verborgene Weisheit, die Gott vor allen Zeiten vorausbestimmt hat zu unserer Verherrlichung« (1 Kor 2,6f). Wenn der Apostel dies sagt, steigt er zweifellos auf zum Menschensohn. Wenn er jedoch sagt: »Flieht die Unzucht« (1 Kor 6,18), wenn er sagt: »Berauscht euch nicht mit Wein, denn der macht zügellos« (Eph 5,18), wenn er verkündet: »Die Wurzel aller Übel ist die Habsucht« (1 Tim 6,10), dann steigt er mit diesen Worten wie ein Engel Gottes herab zum Menschensohn. Als er sagte: »Trachtet nach dem, was oben ist, nicht nach dem, was auf Erden ist« (Kol 3,2), stieg er auf; als er aber sagte: »Seid nüchtern und sündigt nicht« (vgl. 1 Kor 15,34) und all das übrige verkündete, was sich auf die Besserung der Sitten bezieht, stieg er herab. Er reichte die Milch dar, wie eine

Amme ihren Kleinen Milch gibt, denn er sagte das, was auch die Ungebildeten fassen können.
In dieser Ordnung steigt man auf und steigt man herab zum Menschensohn, wenn man sowohl den Vollkommenen feste Speise reicht wie auch die Milch der Lehre den Kleinen nicht verweigert. Aber auch der heilige Johannes stieg auf, als er sagte: »Im Anfang war das Wort, und das Wort war bei Gott, und Gott war das Wort« (Joh 1,1). Sehr hoch stieg er auf, als er das sagte. Aber weil die Engel Gottes nicht nur aufsteigen, sondern auch absteigen, neigte er sich auch den Kleinen zu und sagte: »Das Wort ist Fleisch geworden und hat unter uns gewohnt« (Joh 1,14).

Bei Cäsarius wird innerhalb der Verkündigung noch einmal unterschieden, ob etwas gepredigt wird, was jeder unmittelbar verstehen kann, das sind vor allem moralische Anweisungen, oder etwas, was die Gotteserkenntnis im eigentlichen Sinn betrifft. Das eine ist die Milch für die Kleinen, das andere die feste Speise für die Fortgeschrittenen. Moral ist auch für menschliche Einsicht faßbar, und man muß zuerst die Sitten bessern, um dann die eigentliche Theologie, die Aussagen über Gott, seine Gedanken und Pläne aufnehmen zu können.

Zu Gen 29 - 31

Begegnung am Brunnen

Jakob hält sich lange Zeit bei Laban, d.h. fern von seiner Heimat in Haran auf. Was das bedeutet, erklärt Cäsarius in einer Predigt und faßt damit die gesamte Tradition vor ihm zusammen.

Cäsarius von Arles, Sermo 88:
Schon oft haben wir euch nahegebracht, liebe Brüder, daß Jakob ein Gleichnis und Bild des Herrn und Erlösers ist. Wie Christus in die Welt kommen sollte, um sich mit der Kirche zu verbinden, so ist das in Jakob vorausgebildet, als er in ein weit entferntes Land reiste, um eine Ehe einzugehen. Wie ihr hört, ging Jakob nach Mesopotamien, um eine Frau zu empfangen, und als er zu einem bestimmten Brun-

nen gelangte, sah er Rahel, wie sie mit den Schafen ihres Vaters kam, und als er erkannte, daß sie seine Kusine war, küßte er sie, nachdem er die Herde getränkt hatte.

Wenn ihr gut achtgebt, Brüder, könnt ihr erkennen, daß es nicht grundlos ist, daß die heiligen Patriarchen ihre Ehefrauen an Brunnen oder an Quellen finden. Wenn das nur einmal passierte, könnte jemand noch behaupten, die Sache sei mehr zufällig, von keiner tieferen Bedeutung. Wenn aber sowohl Rebekka, die mit Isaak verbunden werden sollte, am Brunnen gefunden wird, wie auch Rahel, die Jakob zur Frau nehmen sollte, am Brunnen erkannt wird, wenn auch Zippora, die mit Mose verbunden wurde, am Brunnen entdeckt wird, dann sollen wir zweifellos darin bestimmte Heilsmysterien erkennen. Und weil alle drei Patriarchen Bild des Herrn und Erlösers sind, finden sie ihre Ehefrauen an Quellen oder an Brunnen, denn Christus wird später die Kirche am Wasser der Taufe finden.

Bei Origenes ist der Brunnen umfassender gedeutet als Wort Gottes, das in der Schöpfung, in jedem Menschen, der nach dem Bild Gottes geschaffen ist, in der Heiligen Schrift, in Jesus Christus selbst, in der Kirche mit ihren Sakramenten zugänglich wird. Hier faßt Cäsarius diesen Gedanken kurz zusammen und nennt nur die Taufe. Sie ist der praktische Zugang zu all dem oben Genannten. Die zur Ehe genommene Frau ist bei Origenes das Volk Gottes von Anfang an, dann auch die Kirche und jeder einzelne glaubende Mensch. Cäsarius nennt nur die Kirche, die er aber in einem umfassenden Sinn versteht und daher auch schon in den Frauen der Patriarchen dargestellt findet.

Schließlich tränkt Jakob, als er zum Brunnen kommt, zuerst Rahels Herde, und erst nachher küßt er sie. Es ist wahr, geliebte Brüder, wenn das christliche Volk nicht zuerst durch das Wasser der Taufe von allem Bösen reingewaschen wird, ist es nicht würdig, den Frieden Christi zu empfangen. Hätte denn Jakob, als er seine Kusine sah, sie nicht küssen können, bevor er der Herde Wasser gab? Zweifellos konnte er es, aber diese Begegnung sollte sich als ein Mysterium vollziehen. Denn die Kirche mußte durch die Gnade der Taufe von aller Ungerechtigkeit und Zwietracht befreit werden und so die Würde erlangen, Frieden mit Gott zu haben.

Die zwei Frauen Jakobs

Jakob nimmt zwei Frauen. Justin ist der erste, der diese zwei Frauen auf die beiden Völker der Glaubenden aus den Juden und den Heiden deutet. Damit kann er auch verschiedene Einzelheiten des biblischen Textes erklären. In seinem Werk, das einen fiktiven Dialog mit einem Juden darstellt, führt er diesen Text aus der Genesis an und zeigt seine Beziehung zu Jesus Christus.

Justin, Dialog mit dem Juden Tryphon 134:
Die Ehen Jakobs deuteten an, was Christus tun werde; es war nämlich dem Jakob nicht gestattet, daß er beide Schwestern zugleich heirate. Er steht im Dienste Labans um dessen Töchter willen und diente ihm, nachdem er bezüglich der Jüngeren getäuscht worden war, noch weitere sieben Jahre. Lea ist euer Volk und die Synagoge, Rachel dagegen ist unsere Kirche. Für die eine und die andere steht Christus noch heute im Dienst.

Jakob diente dem Laban um der gesprenkelten, bunten Herden willen; Christus diente bis zum Kreuzestode für die ganze bunte, vielgestaltige Menschenwelt, die er sich durch sein Blut und das Geheimnis des Kreuzes als Eigentum erworben hat. »Lea hatte schwache Augen« (Gen 29,17); auch die Augen eures Geistes sind gar schwach. Dem Laban »entwendete Rachel die Götter« (Gen 31,19) und verbarg sie bis auf den heutigen Tag; für uns sind die Göttergebilde der Väter dahin.

Christus dient und setzt sein Leben ein für beide Frauen, die die beiden Völker aus Juden und Heiden darstellen. Von Lea wird in der Genesis gesagt, daß ihre Augen trübe waren; das bezieht Justin auf die mangelnde Einsicht des jüdischen Volkes. Rahel dagegen hat zwar schöne Augen, d.h. die Kirche aus den Heiden erkennt im Glauben Christus, aber sie ist dem Götzendienst nahe, nur sie kann die Götterbilder stehlen und verbergen.

Doch setzen wir die Predigt des Cäsarius fort, die denselben Gedanken erläutert:

Cäsarius von Arles, Sermo 88:
Jakob nahm in der Fremde zwei Frauen, diese zwei Frauen bedeuten zwei Völker, die Juden und die Heiden. Denn wir lesen, daß bei

der Ankunft Christi auch aus dem Volk der Juden eine nicht geringe Zahl an ihn geglaubt habe. Es steht nämlich in der Apostelgeschichte, daß an einem Tag 3000 Menschen an ihn glaubten, an einem anderen Tag 5000, noch später viele Tausend. Daß aber zwei Völker an Christus glauben werden, bekräftigt der Herr selbst im Evangelium, dort wo er sagt: »Ich habe noch andere Schafe, die nicht aus diesem Schafstall sind, auch sie muß ich herbeiführen, und es wird eine Herde und ein Hirt sein« (Joh 10,16). Daher bedeuten jene zwei Frauen, nämlich Lea und Rahel, die mit Jakob verbunden wurden, diese zwei Völker, Lea das Volk der Juden, Rahel das der Heiden. Mit diesen zwei Völkern, die wie zwei Wände von verschiedenen Seiten kommen, ist Christus verbunden wie ein Eckstein, denn in ihm küssen sie einander, und in ihm dürfen sie ewigen Frieden finden, wie der Apostel sagt: »Denn er ist unser Friede, er machte aus den beiden eines« (Eph 2,14). Wie machte er aus den beiden eines? Indem er die zwei Herden vereinigte und die zwei Wände miteinander verband.

Die Kirche aus Juden und Heiden ist in der Frühzeit der Kirche noch volle Realität. Später, das gilt schon für die Zeit des Cäsarius, ist aus der Kirche eine reine Heidenkirche geworden, und ihre Herkunft aus den zwei Völkern entschwand aus dem Bewußtsein der meisten Christen. Aber diese Herkunft ist von entscheidender Bedeutung für das Verständnis der Kirche. Nur so kann sie das ihr anvertraute Erbe voll antreten.

Seht, was dann folgt. Die Schrift sagt, daß Jakob nach all dem reich geworden war. Wie nämlich der heilige Jakob wuchs und reich wurde und mit unendlichem Besitz in seine Heimat zurückkehrte (vgl. Gen 30,43), so zeugte auch der wahre Jakob, unser Herr Jesus Christus, als er in die Welt kam und sich diese zwei Völker, nämlich das der Heiden und das der Juden verband, aus ihnen Kinder auf geistige Weise, und er wuchs und wurde ungeheuer reich. Höre, wie er selbst sagt: »Mir ist alle Macht gegeben im Himmel und auf der Erde« (Mt 28,18). Denn nachdem er den Teufel ausgeplündert hatte, kehrte er zum Vater zurück und brachte große Schätze mit sich, entsprechend dem, was der Psalmist über ihn vor langer Zeit vorhergesagt hatte: »Er stieg hinauf zur Höhe und führte die Gefangenen mit« (Ps 68,19).

Der heilige Jakob, der Patriarch, wird hier dem wahren Jakob, Jesus Christus, gegenübergestellt. Beide sind reich, der eine im irdischen Sinn, an Besitz und an Nachkommen, der andere im geistigen Sinn vor allem an Macht und Herrlichkeit und an glaubenden Menschen, die seine Nachkommen sind, weil sie sein Leben empfangen.

Danach tritt Jakob ein in die Auseinandersetzung mit Laban, der ein Götzendiener ist und deshalb die gottfeindliche Macht vertritt; Cäsarius sieht ihn sogar als Verkörperung des Teufels.

Als aber Jakob in seine Heimat zurückkehrte, verfolgte ihn Laban mit seinen Gefährten. Er untersuchte seinen ganzen Besitz, fand aber nichts, was ihm gehörte, und weil er nichts fand, was ihm gehörte, konnte er ihn nicht festhalten. Es wird nicht unpassend gesagt, daß Laban an dieser Stelle Typos des Teufels ist. Er diente den Götzen und war ein Gegner Jakobs, der Typos des Herrn war. Doch als er Jakob verfolgte, fand er bei ihm nichts, was ihm gehörte. Höre, wie der wahre Jakob dasselbe im Evangelium sagt: »Seht, es kommt der Fürst dieser Welt, doch an mir findet er nichts« (Joh 14,30).

Wie wir oben sagten, bedeutet Lea jenes Volk, das aus den Juden kam und mit Christus verbunden wurde, Rahel aber war Typos der Kirche, das heißt aller Völker. Und daher stahl nicht Lea die Götzen ihres Vaters, sondern Rahel, weil nach der Ankunft Christi deutlich wird, daß nicht die Synagoge es ist, die den Götzen gedient hatte. Dies ist dagegen von der Kirche der Heiden ganz offenkundig erwiesen. Daher lesen wir auch nicht, daß die Götzen Labans bei Lea, das heißt bei der Synagoge, versteckt waren, sondern bei Rahel, die Typos der Heiden ist.

Die Götzen Labans, den Cäsarius mit dem Teufel, dem Fürst dieser Welt, gleichsetzt, sind mit Rahel verbunden. Cäsarius verstärkt auch hier den Gedanken des Justin und sagt, daß Rahel diesen Götzen gedient hat.

Zu Gen 32

Der Kampf mit Gott

In diesem Kapitel wird von dem geheimnisvollen Kampf Jakobs mit Gott oder mit dem Engel Gottes berichtet, bei dem er den Namen Israel erhält. Gerade diese Geschichte wird von den Vätern als ein Mysterium bezeichnet, eine göttliche Wahrheit, die in dem menschlichen Wort verborgen ist, aber doch erkannt werden kann, wenn man tiefer eindringt. Augustinus hält in der Fastenzeit, kurz vor Ostern, eine Predigt über diese Erzählung.

Augustinus, Sermo 5:
Ihr habt gehört, wie Jakob, in dem das christliche Volk vorgebildet ist, mit dem Herrn gekämpft hat. Der Herr erschien ihm nämlich, d.h. ein Engel als Stellvertreter Gottes. Jakob kämpfte mit ihm und wollte ihn halten und ergreifen. Jakob kämpfte, er behielt die Übermacht und hielt ihn fest. Als er ihn festhielt, ließ er ihn nicht frei ohne Segen. Brüder, der Herr gebe, daß wir ein solches Mysterium deuten können.

Die ganze Gestalt Jakobs ist, wie wir gesehen haben, von einer doppelten Ausprägung. Er ist Jakob und auch Israel. Hier kann man sagen: Er kämpft mit Gott, bleibt Sieger, weil er den Segen erhält, um den es ihm geht, er wird aber doch auch geschwächt und trägt eine Verletzung davon. Die doppelte Wirkung gerade dieses Kampfes mit Gott erklärt Augustinus.

Jakob kämpft, er siegt und will von dem gesegnet werden, den er besiegt hat. Was ist es also, worum er kämpfte und was er festhalten will? Der Herr sagt es im Evangelium: »Das Himmelreich leidet Gewalt, und die Gewalttätigen reißen es an sich« (Mt 11,12). Das ist es, was wir schon gesagt haben: Kämpfe, um Christus festzuhalten. Und was sagte der Herr, d.h. der Engel des Herrn als Stellvertreter des Herrn, als Jakob ihn besiegte und festhielt? Er berührte sein Hüftgelenk, und es renkte sich aus. Deshalb hinkte Jakob. »Der Engel sagte: Laß mich los, denn die Morgenröte ist aufgestiegen. Jakob entgegnete: Ich lasse dich nicht los, wenn du mich nicht segnest« (Gen 32,27).

Da segnete er ihn. Und zwar wie? Indem er seinen Namen änderte: »Du wirst nicht mehr Jakob heißen, sondern Israel; denn im Kampf mit Gott hast du gesiegt, du wirst auch im Kampf mit Menschen siegen« (Gen 32,29). Darin besteht also der Segen.

Seht diesen einen Menschen: Auf der einen Seite wird er mit Schwäche geschlagen und hinkt deshalb, auf der anderen Seite wird er gesegnet, um kraftvoll zu leben.

Was heißt aber: »Siehe, die Morgenröte ist aufgestiegen, laß mich los« (Gen 32,27)? Wie der Herr es uns eingibt, sagen wir es, ohne einem besseren Verständnis vorzugreifen. Es bedeutet dasselbe wie das, was der Herr nach seinem Leiden zu der Frau sagte, die seine Füße festhalten wollte: »Halte mich nicht fest, denn ich bin noch nicht zum Vater aufgestiegen« (Joh 20,17). Warum heißt das so? Hat ihn denn niemand körperlich berührt, bevor er zum Vater aufstieg? Er war doch noch hier, als der ungläubige Jünger seine Wundmale betastete. Es muß also sinnbildlich gemeint sein, daß er sich nicht berühren lassen wollte.

Tod und Leben werden Jakob zuteil, Tod durch sein Geschlagenwerden, Leben durch den Segen, den er von Gott bekommt. Ganz ohne Übergang springt Augustinus zum NT. Die Verbindung zwischen AT und NT scheint hier eher assoziativ. Sie betrifft nur eine Einzelheit, während die grundsätzliche Beziehung zu dem Leiden, Sterben und Auferstehen Christi unerwähnt bleibt. Vielleicht ist sie Augustinus und seinen Zuhörern so selbstverständlich, daß er sie gar nicht eigens zu erklären braucht. Jedenfalls beschäftigt sich Augustinus eingehend mit der Aufforderung: Laß mich los!

Jene Frau stellt die Kirche dar. Rühre mich nicht an, bedeutet: Berühre mich nicht in fleischlicher Weise, sondern in der Weise, wie ich dem Vater gleich bin. Solange du nicht verstehst, daß ich dem Vater gleich bin, rühre mich nicht an, denn du berührst nicht mich, sondern mein Fleisch. Paulus sagt nämlich, weil er schon weit fortgeschritten ist: »Wenn wir auch Christus dem Fleische nach gekannt haben, jetzt kennen wir ihn nicht mehr so« (2 Kor 5,16). Wenn wir ihn in fleischlicher Weise kennen, sehen wir in ihm nur einen Menschen. Wenn aber seine Gnade uns erleuchtet, erkennen wir das Wort, das dem Vater gleich ist.

Jakob kämpfte also und hielt ihn fest, als wollte er ihn auf fleischliche Weise umarmen. Jener aber sagte: Laß mich los, halte mich nicht fest auf fleischliche Weise, denn siehe, die Morgenröte ist schon aufgestiegen, um dich geistig zu erleuchten, d.h. halte mich nicht für einen Menschen. Laß mich los, denn die Morgenröte ist schon aufgestiegen. Die Morgenröte verstehen wir als das Licht der Wahrheit und Weisheit, durch das alles erschaffen wurde. Erfreue dich an ihr, wenn die Nacht vorüber ist, d.h. die Bosheit dieser Welt. Dann nämlich steigt die Morgenröte auf, wenn der Herr kommt, so daß wir ihn in gleicher Weise wie die Engel sehen können. »Jetzt schauen wir in einen Spiegel und sehen nur rätselhafte Umrisse, dann aber schauen wir von Angesicht zu Angesicht« (1 Kor 13,12).

Hier wird ganz deutlich, was mit Fleisch und Geist gemeint ist. Das Fleisch ist das irdische Menschsein, der Geist die Wirklichkeit Gottes. Über das Fleisch hinausgehen soll der Mensch, um Gott zu erreichen. Das wird auch bei dem Kampf Jakobs gefordert. Es wird bei Augustinus nicht klar, mit wem Jakob nun eigentlich kämpft, mit dem Engel, mit Christus? Dieses Übergehen vom einen auf den anderen ist bezeichnend. Im AT ist oft vom ‚Engel des Herrn' die Rede, der Gottes Stelle einnimmt. In der Christologie hat man diese Stellen auf Christus gedeutet, der den Vater erkennbar und sichtbar macht.

Dann geht es um den Segen. Was ist dieser Segen? Welchen Segen empfangen wir? Das ist für Augustinus immer die entscheidende Frage. Es geht ja nicht um die Geschichte, sondern das geistige Verständnis des Textes, das die Glaubenden betrifft.

Was aber sagt Jakob? »Ich lasse dich nicht los, wenn du mich nicht segnest« (Gen 32,27). Zuerst segnet uns der Herr durch sein Fleisch. Die Gläubigen wissen, was sie empfangen, denn sie werden durch sein Fleisch gesegnet. Und sie wissen, daß sie nicht gesegnet worden wären, wäre nicht das gekreuzigte Fleisch für das Leben der Welt hingegeben worden. Wie wird der Segen erlangt? Dadurch, daß man im Kampf mit Gott siegt, ihn mit Kraft und Ausdauer festhält und nicht aus den Händen verliert, was Adam verloren hat. Auch wir wollen treu festhalten, was wir empfangen haben, und so verdienen, gesegnet zu werden.

Letztlich ist der Segen das Leben Gottes, das Adam verloren hat und das wir festhalten sollen. Es ist das Leben des Auferstandenen, die Gemeinschaft mit ihm. Maria von Magdala wollte ja den auferstandenen Herrn festhalten. Aber das ging nicht auf die Weise, wie sie es irdisch menschlich gesehen dachte. Die Kirche muß am Tod Christi teilhaben, wenn sie sein Leben empfangen will. Die Gläubigen empfangen in der Eucharistie den Leib und das Blut Christi und nehmen so teil am Tod und an der Auferstehung des Herrn.

Die schwache Seite von Jakobs Körper bezeichnet die schlechten Christen, so daß in Jakob sowohl das Gesegnetsein wie auch das Hinken sichtbar werden. Gesegnet ist er in dem Teil, der gut lebt, er hinkt in dem Teil, der schlecht lebt. Aber noch ist im Menschen beides. Die Trennung und Scheidung wird später stattfinden. Das wünscht sich die Kirche, wenn sie im Psalm spricht: »Schaffe mir Recht, o Gott, und scheide meine Sache gegen ein unheiliges Volk« (Ps 43,1). Noch hinkt die Kirche. Einen Fuß setzt sie kraftvoll auf, der andere ist schlaff. Der Herr berührt uns mit seiner Hand, die züchtigt und lebendig macht. Deshalb wird Jakob teils gesegnet, teils mit Schwäche geschlagen. Es kommt aber die Zeit, in der die Kirche erhört wird, die spricht: »Schaffe mir Recht, o Gott, und scheide meine Sache gegen ein unheiliges Volk«, wenn der Herr in seiner Herrlichkeit kommt und alle Engel mit ihm. Dann werden vor ihm alle Völker zusammengerufen werden, und er wird sie voneinander scheiden, wie der Hirt die Schafe von den Böcken scheidet. Die Gerechten wird er zu seiner Rechten, die Böcke aber zur Linken versammeln. Und er wird zu ihnen sagen: »Kommt her, die ihr von meinem Vater gesegnet seid, nehmt das Reich in Besitz« (Mt 25,31-34). Zu den anderen aber wird er sagen: »Weg von mir in das ewige Feuer, das für den Teufel und seine Engel bestimmt ist« (Mt 25,41).

Die Kirche muß vom Herrn gezüchtigt werden, damit sie vom Bösen getrennt wird. In diesem Leben hat sie beides in sich: das, was sterben muß, weil es sündig ist, und das, was aus dem neuen Leben Gottes stammt. Sie ist Jakob und Israel, die Hinkende und die Gesegnete. Was von Jakob verkündet wird, ist maßgebend für das Volk Gottes auch im Neuen Bund. Es ist schwach und stark:

schwach, weil Gott es mit Leiden und Tod schlagen muß, stark, weil es seinen Segen erlangt, die Hoffnung auf das ewige Leben.

Zu Gen 32

Jakob und Israel

Bei Jakob finden wir das gleiche Motiv wieder wie bei Abraham, daß er von Gott einen neuen Namen bekommt. Aber im Unterschied zu Abraham trägt er, auch nachdem er den neuen Namen bekommen hat, noch den alten. Er ist beides: Jakob und Israel. Das kennzeichnet seine Person.

Augustinus erläutert diese Tatsache im Unterschied zu der Namensänderung bei Abraham:

Augustinus, Sermo 122:
Was bedeutet es, daß Abraham, der Großvater unseres Jakob, nachdem Gott seinen Namen geändert und gesagt hatte: »Du sollst nicht mehr Abram, sondern Abraham heißen« (Gen 17,5), daß er von da an nie mehr Abram genannt wurde? Durchforscht die Schrift, ihr werdet findet, daß er vorher, bevor er einen anderen Namen bekam, immer nur Abram genannt wurde, nachdem er ihn aber bekommen hatte, nur noch Abraham genannt wurde. Dieser Jakob hörte, als er einen anderen Namen bekam, dieselben Worte: »Du sollst nicht mehr Jakob, sondern Israel heißen« (Gen 32,29). Schaut nach in der Schrift, ihr findet, daß er immer mit beiden Namen benannt wurde, Jakob und Israel. Nachdem Abram den anderen Namen bekommen hatte, wurde er nur noch Abraham genannt. Nachdem Jakob den anderen Namen bekommen hatte, wurde er sowohl Jakob als auch Israel benannt. Der Name Abraham mußte in dieser Welt ausgelegt werden. Der Name Israel aber gehört zu der anderen Welt, in der wir Gott schauen werden.

Jakob und Israel steht nicht nur für eine Person, er ist nicht nur einer der Patriarchen, sondern er steht für das ganze erwählte Volk. Auch dieses Volk hat die zwei Seiten, die mit den Namen Jakob und Israel ausgedrückt werden. Sehr oft ist vom Haus Jakob und vom

Volk Israel die Rede. Gibt es da überhaupt einen Unterschied? Augustinus fährt in seiner Predigt fort, indem er auch das christliche Volk so bezeichnet und in ihm diesen Unterschied erkennt:

Das Volk Gottes, das christliche Volk, ist in dieser Zeit sowohl Jakob als auch Israel, Jakob der Wirklichkeit nach, Israel der Hoffnung nach.

Die Unterscheidung, die Augustinus hier trifft, bedeutet keine Abwertung von Jakob, wohl aber ist der Name Israel von ungleich höherer Würde. Die Kirchenväter gehen oft von der Bedeutung des Namens aus, wie wir schon mehrfach gesehen haben, und schließen sich damit dem biblischen Denken an.

Auch Origenes reflektiert über die beiden Namen Jakob und Israel.

Origenes, Homilien zum Buch Exodus 11:
Was soll ich von Jakob sagen? Schon aufgrund seines Namens ist er ein Kämpfer, einer, der mit List vorgeht. Als Jakob daher mit fünfundsiebzig Seelen nach Ägypten hinabzog, wurde er zu einer Menge, die den Sternen des Himmels gleicht.

Und an einer anderen Stelle sagt er dazu auch, was Israel bedeutet:

Origenes, Homilien zum Buch Numeri 16:
Daher muß jeder Jakob genannt werden, dem der Kampf obliegt gegen die Mächte und Gewalten, gegen die Beherrscher dieser Welt. Als Israel verstehe man jeden, der wegen der Reinheit des Glaubens und der Lauterkeit des Denkens Gott schaut.

Jakob kämpft in dieser Welt, Ägypten ist ein Symbol dafür, Israel schaut Gott, was der zukünftigen Welt zugeordnet ist. Dieser Patriarch steht für beides. Doch ist seine Würde als Israel ausschlaggebend. Wenn Origenes die drei Patriarchen kennzeichnen will, kommt das klar heraus, so in seinem Prolog zum Hoheliedkommentar:

Origenes, Kommentar zum Hohenlied, Prolog 3:
Abraham bedeutet nämlich um seines Gehorsams willen die Moralphilosophie. Und ebenso hält Isaak den Platz der Naturphilosophie,

da er Brunnen grub und die Tiefen der Dinge erforschte (vgl. Gen 26). Jakob aber nimmt die Stelle der Schau ein, da er wegen der Betrachtung Gottes ‚Israel' genannt wurde und das Himmelsheer schaute und das Haus Gottes und die Wege der Engel und die Leiter von der Erde bis zum Himmel erblickte (vgl. Gen 28).

4. Josef, der verfolgte Gerechte

ZU GEN 37-50

Vorbild des leidenden Herrn

Josef ist, schon historisch gesehen, der bevorzugte Sohn Jakobs und Israels, in dem das Schicksal des Volkes sich im voraus abbildet. Seine Geschichte nimmt in der Genesis, verglichen mit der der anderen Patriarchen, den größten Raum ein.

Die Väter deuten seine Gestalt einerseits als moralisches Vorbild, vor allem der Besonnenheit und Keuschheit, andererseits, indem sie in vielen einzelnen Zügen seines Lebens und Schicksals ein Vorausbild des Herrn Jesus Christus erkennen.

Der früheste Zeuge für Josef als Vorausbild des leidenden Herrn ist Melito von Sardes. Er spricht vom Passa, dem Leiden und Sterben des Herrn, das zu unserem Heil geschehen ist, und nennt die alttestamentlichen Vorbilder dafür. Der Text wurde oben schon in anderem Zusammenhang zitiert:

Melito von Sardes, Vom Passa:
Dieser ist
das Passa unsres Heiles.
Dieser ist es,
der in vielen vielerlei ertrug.
Dieser ist es,
der in Abel getötet wurde,
in Isaak gebunden wurde,
in Josef verkauft wurde,
in David verfolgt wurde,
in den Propheten verachtet wurde.

Hier wird also das Verkauftwerden als typischer Zug, der auf Jesus hinweist, erkannt. Aber andere Theologen der frühen Zeit nennen noch sehr viel mehr Züge, die sie in Josef und dann erfüllt in Christus erkennen.

Aphrahat, der älteste syrische Kirchenvater, führt den Vergleich zwischen Josef und Jesus bis ins einzelne aus. Aphrahat spricht in einer Abhandlung von der Verfolgung und sieht gerade darin Josef als Vorbild des Gerechten, der ungerecht und unschuldig verfolgt wird.

Aphrahat, Unterweisungen 21:
Josef war verfolgt, seine Brüder waren die Verfolger.
Josef wurde erhöht, seine Verfolger verehrten ihn,
und alle seine Träume und Erscheinungen gingen in Erfüllung.
Der verfolgte Josef ist Sinnbild für den verfolgten Jesus.

Nicht irgendjemand verfolgt diesen Gerechten, sondern seine eigenen Brüder. Der Grund für den Neid und die Eifersucht der Brüder lag gerade in den Träumen des Josef, die er den Brüdern mitteilte und die als prophetische Rede verstanden wurden. Hier könnte man hinzufügen: und der erhöhte Josef ist Sinnbild für den erhöhten Jesus. Die Erfüllung übertrifft bei weitem die Verheißung. Nicht nur Mutter, Vater und Brüder verehren Jesus, sondern alle Menschen beugen vor ihm das Knie.

Dieser erste Abschnitt bei Aphrahat bezeugt die grundsätzliche Parallele zwischen Josef und Jesus. Im Folgenden werden die Einzelheiten ausgedeutet. Zunächst geht es um das Verhältnis zum Vater.

Josef bekleidete sein Vater mit einem Fransengewand (vgl. Gen 37,3), Jesus bekleidete sein Vater mit einem Leib aus der Jungfrau. Josef liebte sein Vater mehr als seine Brüder (vgl. Gen 37,3), auch Jesus war der Freund und Geliebte seines Vaters. Josef hatte Erscheinungen und Träume, Jesus erfüllte Erscheinungen und Propheten. Josef war Hirte mit seinen Brüdern, Jesus (ist) der Oberhirte. Als sein Vater Josef sandte, seine Brüder zu besuchen, und sie ihn kommen sahen, gedachten sie ihn zu töten (vgl. Gen 37,13-18). Als sein Vater Jesus sandte, seine Brüder zu besuchen, sprachen sie: »Das ist der Erbe, kommt, töten wir ihn!« (Mt 21,38) Josef warfen seine Brü-

der in die Zisterne (vgl. Gen 37,24), Jesus ließen seine Brüder zu den Toten hinabsteigen. Josef stieg aus der Grube empor (vgl. Gen 37,28), Jesus erstand von den Toten. Nachdem Josef aus der Grube emporgestiegen war, herrschte er über seine Brüder. Nachdem Jesus von den Toten erstanden war, gab ihm sein Vater einen großen und überragenden Namen, daß seine Brüder sich ihm unterwarfen und seine Feinde unter seine Füße gelegt wurden (vgl. Phil 2,9f).
Als Josef sich seinen Brüdern zu erkennen gegeben hatte, schämten sie sich, erschauderten und staunten ob seiner Majestät (vgl. Gen 45,3). Wenn Jesus in den letzten Zeiten kommt, da er in seiner Majestät offenbar wird, werden sich seine Brüder, die ihn gekreuzigt haben, schämen und vor ihm erschaudern und bangen.

Josef war ein Prophet und Jesus war die Erfüllung aller prophetischen Voraussagen. Bei diesem Teil des Textes geht es mehr um das Geschick des Josef, der mit seinem Leben und Leiden, aber auch mit seiner Erhöhung und seiner Macht Jesu Weg durch Leiden und Sterben in die Herrlichkeit der Auferstehung im voraus erkennen ließ.
Anschließend kommt Aphrahat auf verschiedene Einzelzüge zu sprechen.

Josef wurde auf Anraten des Juda (vgl. Gen 37,26) nach Ägypten verkauft, Jesus wurde durch Judas Iskariot den Juden ausgeliefert. Als seine Brüder Josef verkauften, sprach er zu ihnen kein Wort; auch Jesus sprach nicht und gab den Richtern, die über ihn zu Gericht saßen, keine Antwort (vgl. Mt 27,14). Josef steckte sein Herr frevelhaft ins Gefängnis, Jesus verurteilten frevelhaft die Söhne seines Volkes. Josef ließ seine zwei Kleider zurück, eines seinen Brüdern, ein weiteres der Frau seines Herrn; Jesus ließ seine Kleider zurück, so daß die Soldaten sie unter sich teilten (vgl. Mt 27,35). Josef stand als Dreißigjähriger vor Pharao (vgl. Gen 41,46) und wurde Herr über Ägypten; Jesus kam als Dreißigjähriger zum Jordan, um sich taufen zu lassen, den Geist zu empfangen und zum Predigen auszuziehen (vgl. Lk 3,23); Josef versorgte die Ägypter mit Brot; Jesus versorgte die ganze Welt mit dem Brot des Lebens. Josef nahm die Tochter eines frevelhaften und schändlichen Priesters zur Frau (vgl. Gen 41,50); Jesus führte die Kirche zu sich aus den unreinen Völkern. Josef starb und wurde in Ägypten begraben (vgl. Gen

50,26); Jesus starb und wurde in Jerusalem begraben. Josefs Gebeine ließen seine Brüder von Ägypten überführen (vgl. Ex 13,19); Jesus richtete sein Vater von den Toten auf und führte mit ihm seinen Leib unverwest zum Himmel auf.

Gerade bei den Texten über den Patriarchen Josef begegnen wir der typologischen Deutung der Schrift bei den Kirchenvätern, d.h. der Deutung, die in Josef ein Vorbild Jesu und in seinem Geschick ein Vorbild des neutestamentlichen Heilsgeschehens sieht. Deshalb kann und muß man sich die Frage stellen, was diese Deutung zum Verständnis der Schrift beiträgt. Die Gestalt Jesu und sein Heilswirken werden doch im NT verkündet. Der glaubende Mensch ist deshalb nicht auf das AT und diese geheimnisvollen Vorzeichen angewiesen, könnte man meinen. Aber das stimmt so nicht.

Zur Erkenntnis Jesu Christi und seines Heilswirkens gehört die Offenbarung des AT wesentlich dazu, nicht nur als Vorgeschichte, sondern als Offenbarung des Wirkens und Handelns Gottes, den wir als den Vater unseres Herrn Jesus Christus erkennen, den einen Gott, der im AT und im NT lebt und wirkt. Aphrahat trägt viele Einzelzüge zusammen, die bei Josef und bei Jesus zu finden und zu vergleichen sind. Die Erkenntnis Christi wird dadurch bereichert, daß man diese einzelnen Züge überhaupt sieht und vielleicht ihre Bedeutung erkennt. Nehmen wir als Beispiel die Aufgabe des Josef in Ägypten, sein Land mit Nahrung zu versorgen. Wenn man sich das vor Augen führt, erkennt man, daß Gott durch die von ihm Erwählten den Menschen Leben schenkt: durch Josef den Ägyptern Getreide zum Überleben, durch Jesus Christus allen Menschen auf der ganzen Welt das Brot des Lebens, das er selber ist.

Das Böse im Heilsplan Gottes

Von Origenes sind uns zur Josefsgeschichte keine ausführlichen Erklärungen überliefert. Er hat aber einzelne Züge ausgedeutet, und gerade seine Erklärungen können verständlich machen, was die typologische Deutung an Erkenntnis vermittelt. In einer Predigt zum Buch Numeri betrachtet er Gottes unendliche Weisheit bei der Lenkung und Leitung der Welt, vor allem, wie er mit dem Bösen umgeht.

Origenes, Homilien zum Buch Numeri 14:
Wir behaupten, alles in der Welt sei durch das Walten und die Weisheit Gottes so gefügt, daß bei Gott nichts umsonst ist, ob es nun böse ist oder gut. Aber wir wollen genauer erklären, was damit gesagt wird. Gott hat die Bosheit nicht geschaffen; jedoch könnte er, wenn er sie als von anderen hervorgerufen antrifft, verhindern. Aber das tut er nicht. Vielmehr benutzt er sie zu notwendigen Dingen, auch die Menschen, die die Bosheit in sich haben. Denn er macht durch die Menschen, die böse sind, diejenigen, die zu den herrlichen Tugenden streben, noch mehr anerkannt und bewährt. Wenn die Bosheit nämlich vernichtet würde, würde nichts den Tugenden entgegenstehen. Tugend aber, die kein Gegenteil hat, würde nicht leuchten, nicht strahlen und der Prüfung nicht standhalten. Eine Tugend aber, die sich nicht bewährt und nicht geprüft wird, ist keine Tugend. Wenn wir dies alles nun sagen würden, ohne daß es vom Wort Gottes bezeugt würde, dann würde es den Anschein erwecken, herbeigezogen und künstlich, anstatt wahr und unverrückbar zu sein. Darum wollen wir untersuchen, ob auch die heiligen Bücher diese Aussage enthalten. Kommen wir daher zu Josef.

Man denke sich die Bosheit seiner Brüder weg, ihren Neid, ihren mörderischen Anschlag, den sie gegen den Bruder voll Wut aushecken bis dahin, daß sie ihn verkauften. Wenn man das alles wegnähme, muß man sehen, wieviel vom Heilswirken Gottes man zunichte machen würde. Man würde ja alles tilgen, was in Ägypten durch Josef zum Heil aller geschehen ist. Der Traum des Pharao wäre nicht gedeutet worden, wenn Josef durch den Neid der Brüder nicht weggeschleppt und nach Ägypten gekommen wäre. Niemand hätte verstanden, was Gott dem König offenbart hatte, niemand hätte in Ägypten Getreide gesammelt, niemand hätte die Hungersnot durch weise Vorsorge vermeiden können. Ägypten und die benachbarten Länder wären durch den Hunger zugrundegegangen. Zugrundegegangen wäre auch Israel. Seine Söhne wären nicht auf der Suche nach Brot nach Ägypten gezogen. Die Kinder Israels wären nicht aufgrund der Wundertaten Gottes von dort ausgezogen, niemals wären die Plagen über Ägypten gekommen, man hätte die Machttaten Gottes, die durch Mose und Aaron geschahen, nicht erlebt. Niemand hätte trockenen Fußes das Rote Meer durchzogen usw.

Origenes setzt diese Aufzählung noch weiter fort bis hin zum Kreuz Jesu, durch das der Welt das Heil geschenkt wurde. Dann fährt er fort:

Aus all dem können wir schließen, daß Gott nicht nur das Gute benutzt für sein gutes Wirken, sondern auch das Böse. Und das ist das eigentlich Wunderbare: daß Gott für sein gutes Wirken auch schlechte Gefäße benutzt. »*In dem großen Haus*« *dieser Welt* »*gibt es nicht nur Gefäße aus Gold und Silber, sondern auch aus Holz und Ton – die einen für Reines, die anderen für Unreines*« *(2 Tim 2,20). Beide aber sind nützlich. Und es gilt auch: Man muß diese Gefäße als mit Vernunft und freiem Willen begabte Gefäße verstehen. Daher wird jemand nicht zufällig und wie es gerade kommt ein Gefäß für Unreines oder, wenn er sich der Erwählung würdig erwiesen hat, ein auserwähltes Gefäß und ein Gefäß für Reines. Wer sein Leben unwürdig und schlecht führt, der wird als Gefäß für Unreines geformt, nicht von seinem Schöpfer, sondern von sich selbst, weil er selbst für die Unreinheit gesorgt hat.*

Origenes bringt dann noch mehrere Beispiele; am Ende dieses Abschnitts sagt er zusammenfassend:

Und deshalb, meine ich, werden in der Heiligen Schrift die Geschichten über Gute und Böse, die rechten und die verkehrten Taten berichtet, damit wir verstehen, daß bei Gott weder die schlechten noch die guten Taten ohne Sinn und Nutzen sind.

In dieser Predigt des Origenes geht es eigentlich um die Bileamgeschichte. Origenes fragt, warum Gott es zuläßt und sogar teilweise fördert, daß der König von Moab jemanden engagiert, der das Volk Israel verfluchen soll. Jedenfalls wird in der Geschichte deutlich, daß Gott einerseits will, daß der Seher dem Auftrag folgt, andererseits aber klar zu erkennen gibt, daß der Auftrag nicht seinem Willen entspricht. Die These des Origenes ist, daß das Böse und die Bösen dem Guten und den Guten dienen, daß Gott das Böse für seinen Heilsplan in Dienst nimmt. Das entschuldigt den Bösen nicht, er wird für sein böses Tun auch bestraft, aber dem Guten schadet es nicht, weil Gott für ihn alles zum Guten führt (vgl.

Röm 8,28). Eine solche Glaubensaussage ist grundsätzlich durch die Erfahrung nicht verifizierbar, sie bleibt nur dem Glauben zugänglich.

Dafür ist die Josefsgeschichte aufgezeichnet als ein wirksames Zeugnis. Denn unter diesem Motto wird von den Leiden und der anschließenden Erhöhung Josefs in der Genesis erzählt. Das wird deutlich, wenn es am Ende heißt: »Ihr habt Böses gegen mich im Sinne gehabt, Gott aber hatte dabei Gutes im Sinn, um zu erreichen, was heute geschieht: viel Volk am Leben zu erhalten« (Gen 50,20).

Josef gibt Nahrung

Neben dieser Gesamtdeutung der Josefsgeschichte gibt es aber auch die Deutung einzelner Züge bei Origenes, die zum tieferen Verständnis der Schrift beitragen. Das Wirken des Josef in Ägypten betrachtet Origenes in einer Predigt zum Lukasevangelium.

Origenes, Homilien zum Lukasevangelium 28:
Auch darüber, daß er sagt: »Er war etwa dreißig Jahre alt«, müssen wir uns Gedanken machen. »Josef war dreißig Jahre alt« (Gen 41,46), als er, aus dem Kerker entlassen, den Traum des Pharao deutete und zum Gebieter Ägyptens ernannt wurde. Zur Zeit der Fülle sammelte er den Weizen, um zur Zeit des Hungers etwas zum Verteilen zu haben. Ich meine, daß die dreißig Jahre Josefs vorbildlich den dreißig Jahren des Heilands vorausgegangen sind. Dieser Josef (sc. Jesus) hat keinen solchen Weizen gesammelt, wie jener damals in Ägypten, sondern den wahren und himmlischen Weizen, damit er zur Zeit der Fülle den Weizen sammle, den er dann austeilt, wenn die Hungersnot über Ägypten hereinbricht, nicht »der Hunger nach Brot und der Durst nach Wasser, sondern der Hunger, das Wort Gottes zu hören« (Am 8,11).

In der Tat, Jesus sammelte aus den Propheten, aus dem Gesetz, aus den Aposteln die Worte aus der Zeit der Fülle, damit er, wenn keine Bücher mehr geschrieben, kein Neues Testament mehr zusammengestellt und auch keine Apostel mehr ausgesandt werden, alles, was er im Speicher der Apostel, das heißt in ihren und aller Heiligen Seelen, zusammengetragen hat, austeile und das unter Hungersnot leidende Ägypten ernähre, vor allem aber seine eigenen Brüder, von

denen geschrieben steht: »*Ich werde deinen Namen meinen Brüdern erzählen, ich werde dich inmitten der Kirche besingen*« *(Ps 22,23).*
Gewiß, auch andere Menschen haben Worte der Geduld und Worte der Gerechtigkeit und Worte über die anderen Tugenden, das heißt, auch sie haben den Weizen, den Josef den Ägyptern verteilt hat. Aber es ist ein anderes Getreide, das er seinen Brüdern, das heißt seinen Jüngern, vom Land Goschen gab, das ostwärts liegt. Es ist der Weizen des Evangeliums, der Weizen der Apostel. Von diesem Getreide sollen wir Brot backen, doch so, daß es nicht mit dem »*alten Sauerteig*« *(1 Kor 5,7) vermischt wird, sondern daß wir neues Brot bekommen, aus dem Weizen und Mehl der Heiligen Schrift in Christus Jesus gemahlen,* »*dem die Herrlichkeit und die Macht ist in alle Ewigkeit. Amen*« *(1 Petr 4,11).*

Die wirkliche Nahrung, die Jesus seinem Volk und seinen Brüdern bietet, ist also die Erkenntnis der Heiligen Schrift. Origenes gibt zu, daß Menschen auch durch weise Worte über die Tugend und das rechte Leben des Menschen ernährt und gestärkt werden. Aber die Nahrung, die Jesus schenkt, ist etwas ganz Besonderes. Wertvoll ist vor allem der Weizen des Evangeliums, d.h. das Wort des Neuen Testamentes. Worin liegt sein Wert? Es hat viel mehr nährende Kraft als alle menschliche Weisheit.

Die Mittagszeit

Zeitangaben sind in der Heiligen Schrift nicht ohne Bedeutung. Origenes nimmt zur Kenntnis, daß Josef mit seinen Brüdern zur Mittagszeit speist, sie ihm also am Mittag begegnen und ihm ihre Gaben darbringen (vgl. Gen 43,16-25). Im Kommentar zum Hohenlied erklärt er die Bedeutung der Mittagszeit. Sie wird klar durch die Beispiele der Heiligen Schrift. Denn Origenes findet Stellen, die vom Mittag sprechen und ihn als Heilszeit erkennen lassen.

Origenes, Kommentar zum Hohenlied 2:
Denn wenn das Licht des Geistes, das in ihm (in Abraham nämlich) ist, und die Reinheit seines Herzens klar und hell sind, dann hat er offenbar die Mittagszeit in sich. Durch die Reinheit des Herzens sieht er, sozusagen am Mittag lebend, Gott und sitzt bei der Eiche

von Mamre, was übersetzt ‚bei der Schau' heißt. Bei der Schau also sitzt zur Mittagszeit, wer dafür frei ist, Gott zu sehen.

Daher heißt' es auch nicht, er habe im Zelt gesessen, sondern draußen am Eingang des Zeltes. Außen nämlich und außerhalb des Leibes lebt der Geist, der fern ist von irdischer Gesinnung, fern von fleischlichen Begierden; wenn er so außerhalb von all dem ist, besucht ihn Gott.

Diesem Mysterium entspricht es auch, daß Josef seine Brüder, als er sie in Ägypten empfing, zur Mittagszeit bewirtete und daß sie zur Mittagszeit mit Geschenken um seine Gunst baten.

Daher ist klar, daß es bei der Heimsuchung Abrahams und bei dem Mahl der Patriarchen bei Josef nicht nötig war, die Zeit dazu und die Stunde durch die Zahl sechs zu bezeichnen, sondern es wurde gesagt, daß es Mittag war.

Der Mittag ist die Zeit der vollen Sonneneinstrahlung. Deshalb weist er hin auf die Fülle der Erkenntnis und Weisheit, die nur dem reinen und lauteren Herzen zuteil wird. Jeder einzelne Zug in den Erzählungen der Heiligen Schrift wird von den Vätern wahrgenommen und nach seiner Bedeutung wird geforscht. Das erinnert an jüdische Schriftauslegung. Für die Juden wie für die Kirchenväter gilt, daß sie an den Text der Heiligen Schrift mit dem gleichen Vorverständnis herangehen, nämlich daß es sich um Gottes Wort handelt, das in seiner Bedeutung nie auszuschöpfen ist. Unsere Verständnisschwierigkeiten mit den Texten der Kirchenväter beruhen zum Teil darauf, daß wir dieses Vorverständnis nicht so ohne weiteres teilen.

Josef als Werkzeug Gottes

Ein später Zeuge der Tradition, Cäsarius von Arles, hat in einer Predigt die Josefsgeschichte gedeutet und die ihm vorliegende Tradition zusammengefaßt. Er sagt:

Cäsarius von Arles, Sermo 89:
Sooft man euch, liebe Brüder, Lesungen aus dem Alten Testament vorträgt, müßt ihr, wie ich schon oft gemahnt habe, nicht nur auf den Wortlaut gut achtgeben, sondern auch auf das, was im Geist zu

verstehen und zu begreifen ist. Denn so mahnt uns der Apostel: »Der Buchstabe tötet, der Geist aber macht lebendig« (2 Kor 3,6). Denn »alles«, was im Alten Testament steht, »geschah«, wie der Apostel sagt »ihnen so, daß es beispielhaft ist. Aufgeschrieben wurde es unseretwegen, die das Ende der Zeit erreicht hat« (1 Kor 10,11). Denn wenn das christliche Volk gläubig in die Kirche kommt, was nützt es ihm dann, wenn es hört, wie die heiligen Patriarchen heirateten oder Kinder zeugten, es sei denn, es schaut mit geistigem Verständnis, warum das geschehen ist oder was diese Dinge versinnbilden.

Wir haben also gehört, daß Jakob einen Sohn zeugte und ihn Josef nannte und ihn mehr als seine übrigen Söhne liebte. An dieser Stelle ist Jakob Bild Gottes des Vaters, der heilige Josef aber ist Typos des Herrn, des Erlösers. Jakob liebte also seinen Sohn, weil auch Gott der Vater seinen eingeborenen Sohn liebt, wie er selbst gesagt hat: »Das ist mein geliebter Sohn« (Mt 3,17). Jakob schickte seinen Sohn, damit er sich um seine Brüder kümmere, und Gott der Vater schickte seinen eingeborenen Sohn, damit er das durch Sünden kranke Menschengeschlecht wie eine verlorene Schafherde besuche. Josef irrte in der Einöde umher, während er seine Brüder suchte; auch Christus suchte das Menschengeschlecht, das in der Welt umherirrte. Dadurch irrte auch er selbst sozusagen in der Welt umher, weil er die Irrenden suchte. Josef suchte seine Brüder in Sichem. Sichem heißt übersetzt ‚Schulter‘. Denn immer wenden die Sünder dem Gerechten den Rücken zu, die Schultern sind nämlich hinten. Wie nämlich die Brüder Josefs, vom Neid zerfressen, der Liebe des Bruders eher den Rücken als das Gesicht boten, so wollten auch die unseligen Juden den zu ihnen kommenden Urheber des Heils lieber mit ihrer Mißgunst verfolgen als ihn lieben. Von solchen Menschen spricht der Psalm: »Blende ihre Augen, so daß sie nicht mehr sehen, und ihren Rücken beuge für immer« (Ps 69,24).

Wenn Cäsarius hier von den ‚unseligen Juden‘ spricht, so darf man das nicht als antisemitische Äußerung werten. Jesus ist nun einmal zuerst den Juden, seinem eigenen Volk, begegnet. Sie waren die Vertreter der gesamten Menschheit, und für sie trifft die von Cäsarius genannte Haltung ganz genau zu. Deshalb könnte und müßte man von den ‚unseligen Menschen‘ sprechen, die den Urheber des Heiles nicht aufnehmen wollten.

Gen 37-50

Josef fand also seine Brüder in Dotan, Dotan heißt übersetzt ‚Abtrünnigkeit'. Wahrhaftig in großer Abtrünnigkeit befanden sich die, die an Brudermord dachten. Denn als seine Brüder Josef sahen, sprachen sie über seinen Tod, wie die Juden, als sie den wahren Josef, den Herrn Christus, sahen, alle den einmütigen Plan faßten, ihn zu kreuzigen. Seine Brüder beraubten Josef des bunten Rockes, und die Juden beraubten Christus durch den Kreuzestod seines Leibes. Josef wurde, nachdem man ihm das Kleid ausgezogen hatte, in die Zisterne geworfen, das heißt in den Brunnen, und Christus stieg, nachdem er des Fleisches beraubt war, in die Unterwelt hinab. Josef wurde, nachdem er aus der Zisterne gezogen worden war, den Ismaelitern, das heißt den Heiden, verkauft, und Christus wurde, nachdem er aus der Unterwelt zurückkam, von allen Heiden durch den Handel des Glaubens erworben.

Josef wurde auf den Hinweis des Juda hin für 30 Silberstücke verschleppt, und Christus wurde durch den Hinweis des Judas Iskariot für die gleiche Geldsumme verkauft. Allerdings steht in den verschiedenen Übersetzungen nicht derselbe Kaufpreis für Josef, sondern in der einen heißt es 20 Silberstücke, in der anderen 30. Das weist geistig verstanden darauf hin, daß Christus nicht von allen gleich eingeschätzt und geliebt wird. Denn schließlich lieben ihn auch heute in der Kirche die einen mehr, die andern weniger, denn für den bedeutet Christus mehr, der ihn mit größerer Liebe liebt.

Josef zog nach Ägypten herab und Christus kam hinunter in die Welt. Josef rettete Ägypten vor dem Mangel an Getreide, und Christus befreite die Welt vom Hunger nach dem Wort Gottes. Denn wenn seine Brüder Josef nicht verkauft hätten, wäre Ägypten zugrundegegangen. Es ist wahr, Brüder, wenn die Juden Christus nicht gekreuzigt hätten, wäre die Welt verloren gewesen.

Laßt uns jedoch sehen, liebe Brüder, woher es kommt, daß die Brüder Josefs mit solcher Grausamkeit gegen ihn wüteten. Woher, wenn nicht durch das Gift des Neides, durch das »der Tod in die Welt eintrat« (Weish 2,24)? Höre die Schrift: »Seine Brüder waren neidisch auf ihn und konnten kein friedliches Wort mehr mit ihm reden« (Gen 37,4). Denn Josef hatte einen Traum: Er stand auf dem Feld mit seinen Brüdern und band Garben, und die Garben der Brüder fielen vor seiner Garbe nieder. Das wurde an Josef erfüllt, als in Ägypten seine Brüder vor ihm niederfielen. Und es ist nicht unpassend, daß die unfruchtbaren Garben gezwungen werden, vor der fruchtbaren Garbe niederzufallen, durch die sie von der Hungersnot befreit werden sollten.

Der Preis, um den man Christus erwirbt, ist der Glaube. Er ist nicht bei allen in gleicher Intensität vorhanden. Deshalb stufen die Menschen den Wert Christi ganz verschieden ein.

Strenge und Milde

Auch Gregor der Große spricht von Josef in einer Predigt zum Propheten Ezechiel:

Gregor der Große, Ezechielhomilien 9:
Die Brüder Josefs waren nicht imstande, Gottes Pläne zu durchkreuzen, und so haben sie ihn verkauft, um ihm keine Ehre erweisen zu müssen, und mußten dem, den sie verkauft hatten, ihre Verehrung bezeugen. Da hat der Mann Gottes, vom Geist der Unterscheidung erfüllt, seine Brüder erkannt, ohne von ihnen erkannt zu werden. Eingedenk ihrer Schuld und das Unrecht verzeihend, ging sein Bemühen dahin, die Bosheit der Brüder nicht zu vergelten, aber auch nicht ohne Sühne hingehen zu lassen. So hat der heilige Mann das Verbrechen der Brüder sowohl verziehen als auch bestraft. Er hat in der Festigkeit Milde walten lassen und sich gegenüber den sündigen Brüdern nicht ohne Strafe als gnädig erwiesen, nicht ohne Gnade als gerecht.

Gregor sieht vor allem das Verhältnis des Josef zu seinen Brüdern als richtungsweisend auch für uns an. Er betont die Einheit von Strenge und Milde, von Verzeihen und Bestrafen, von Gerechtigkeit und Erbarmen, die für uns Menschen immer ein großes Problem darstellt und nur in Gott vollkommen verwirklicht ist. In dieser Verwirklichung der für uns Menschen unvereinbaren Gegensätze weist Josef hin auf den, der mehr ist als ein Mensch, auf den Menschensohn und Gottessohn.

Quellenangaben

Die Texte der Kirchenväter finden sich in mehreren großen Reihenwerken. Die wichtigsten Reihen sind:

PG   Migne. Patrologia Graeca
PL   Migne. Patrologia Latina (beide Reihen sind nicht mehr auf dem neuesten wissenschaftlichen Stand, für manche Werke sind sie aber die einzige Ausgabe)
CCG   Corpus Christianorum. Series Graeca
CCL   Corpus Christianorum. Series Latina
CSEL   Corpus Scriptorum Ecclesiasticorum Latinorum
GCS   Die griechisch christlichen Schriftsteller der ersten drei Jahrhunderte
FC   Fontes Christiani (zweisprachige Ausgabe: Originalsprache und deutsch)
SC   Sources Chretiènnes (zweisprachige Ausgabe: Originalsprache und französisch)

BKV   Bibliothek der Kirchenväter (nur deutsche Übersetzungen vom Anfang unseres Jh.)
BGL   Bibliothek der griechischen Literatur (nur deutsche Übersetzungen)

Die in diesem Buch vorkommenden Texte finden sich in den im Folgenden genannten Ausgaben. Wo keine deutsche Übersetzung angegeben ist oder diese in Klammern steht, handelt es sich um eine eigene Übersetzung.

Aphrahat, Unterweisungen
dt. Text: FC 5/1-2

Augustinus, Bekenntnisse
lat. Text: CCL 27
dt. Übers. Augustinus, Confessiones. Bekenntnisse. Lateinisch und deutsch. Eingel., übers. u. erl. v. J. Bernhart (München, 3. Aufl. 1955).

Augustinus, Vom Gottesstaat
lat. Text: CCL 47.48
dt. Übers. Aurelius Augustinus, Vom Gottesstaat. Aus dem Lateinischen übertragen v. W. Thimme. Eingel. u. komm. v. C. Andresen. 2 Bände (München 1977/78).

Augustinus, Vorträge zum Johannesevangelium 23,1
lat. Text: CCL 36.
dt.Übers. BKV (2. Aufl.) 8.11.19.

Augustinus, Sermones
lat. Text: CCL 41 und PL 38.

Cäsarius von Arles, Sermones
lat. Text: CCL 103.

Cyrill von Jerusalem, Mystagogische Katechesen
griech. Text u. dt. Übers.: FC 7.

Ephräm der Syrer, Diatessaron
dt. Übers. BKV (2. Aufl.) 61.

Gregor der Große, Ezechielhomilien
lat. Text: CCL 142.
dt. Übers.: Gregor der Große, Homilien zu Ezechiel. Übertr. u. eingel. v. G.Bürke (Einsiedeln 1983).

Hieronymus, Jesajakommentar
lat. Text: CCL 73.

Hieronymus, Ezechielkommentar
lat.Text: CCL 75.

Hieronymus, Hoseakommentar
lat. Text: CCL 76.

Hilarius von Poitiers, Über die Dreifaltigkeit
lat. Text: PL 10.
dt. Übers.: BKV (2. Aufl.) 2. Reihe 5.6.

Irenäus, Gegen die Häresien
lat. Text u. dt. Übers.: FC 8/1-4

Justin, Dialog mit dem Juden Tryphon
dt. Übers.: BKV(2. Aufl.) 33.

Melito von Sardes, Vom Passa
griech. Text: PG 5.
dt. Übers.: Meliton von Sardes, Vom Passa. Die älteste christliche Osterpredigt. Übers., eingel. und komm. v. J. Blank (Freiburg 1963).

Origenes, Homilien zum Buch Genesis
lat. Text: SC 7bis.

Origenes, Homilien zum Buch Exodus
lat. Text: SC 321.

Origenes, Homilien zum Buch Levitikus
lat. Text: SC 286.287.

Origenes, Homilien zum Buch Numeri
lat. Text: SC 415.

Origenes, Kommentar zum Hohenlied
lat. Text: SC 375.376.

Origenes, Homilien zu Jesaja
lat. Text: GCS 8.

Origenes, Homilien zu Jeremias
griech. Text: SC 232.238 (Paris 1976/77).
dt. Übers.: BGL 10.

Origenes, Homilien zum Lukasevangelium
lat. Text u. dt. Übers. FC 4/1-2.

Origenes, Kommentar zum Johannesevangelium
griech. Text: SC 120.157.222.290.385.
[dt. Übers. in Auszügen: Origenes, Das Evangelium nach Johannes. Übersetzt und eingeführt v. R. Gögler (Einsiedeln 1959)]

Origenes, Kommentar zum Römerbrief
lat. Text u. dt. Übers.: FC 2/1-5.

Origenes, Vier Bücher von den Prinzipien
griech. bzw. lat. Text u. dt. Übers.: Origenes, Vier Bücher von den Prinzipien. Hrsg., übersetzt, mit kritischen und erläuternden Anmerkungen versehen von H. Görgemanns und H. Karpp = Texte zur Forschung 24 (Darmstadt 1976).

Literatur

Die Zeit der Kirchenväter

- *Brox, N.*, Kirchengeschichte des Altertums (Düsseldorf 1989). (Informiert ganz kurz über die wichtigsten Fakten und Entwicklungen).
- *Dassmann, E.*, Kirchengeschichte. Bd. 1: Ausbreitung, Leben und Lehre der Kirche in den ersten drei Jahrhunderten. Bd. 2,1: Konstantinische Wende und spätantike Reichskirche (Stuttgart 1991/1996). (Dieses Buch ist auch für eine fortlaufende Lektüre geeignet und vermittelt durch die vielen Zitate aus Kirchenväterschriften einen guten Einblick in das Denken der Zeit.)

- *Frank, K. S.*, Lehrbuch der Geschichte der Alten Kirche (Paderborn 1997).
- *Drobner, H. J.*, Lehrbuch der Patrologie (Freiburg 1994).
- Lexikon der antiken christlichen Literatur. Hrsg. v. S. Döpp und W. Geerlings (Freiburg 1998).
(Diese drei Bücher bieten Informationen über die einzelnen Väter und ihre Werke.)

Die Schriftauslegung der Kirchenväter

- *Daniélou, J.*, Liturgie und Bibel. Die Symbolik der Sakramente bei den Kirchenvätern (München 1963).
- *Lubac, H. de*, Der geistige Sinn der Schrift (Einsiedeln 1952).
- *Lubac, H. de*, Geist aus der Geschichte. Das Schriftverständnis des Origenes (Einsiedeln 1968).
(Diese drei Werke zur Schriftauslegung sind, obwohl schon älter, auch heute noch grundlegend.)

- Hebrew Bible / Old Testament. The History of its Interpretation. Vol. I: From the Beginnings to the Middle Ages (until 1300). Part 1: Antiquity. Hrsg. v. M. Saebo (Göttingen 1996).
- *Pépin, J.*, Art. Hermeneutik. Christlich: RAC 14 (Stuttgart 1988) 751-771.
(Beide Werke sind mehr wissenschaftlich und setzen Vorkenntnisse voraus.)

- *Voderholzer, R.*, Die Einheit der Schrift und ihr geistiger Sinn (Einsiedeln 1998). (In diesem sehr lohnenden Buch findet sich ausgehend von dem Ansatz Lubacs eine ganze Geschichte der geistigen Schriftauslegung.)

- *Heither, Th.*, Schöpfen aus dem Brunnen. Ein Zugang zum Alten Testament (Trier 1994).

– *Heither, Th. / Reemts, Ch.*, Das Lied singen lernen. Die Schönheit christlichen Lebens (Trier 1998).
(Beide Bücher zeigen die Schriftauslegung des Origenes an konkreten Texten.)

– Neue Formen der Schriftauslegung. Hrsg. v. Th. Sternberg = QD 140 (Freiburg 1992) 13-74. (Ein neueres Werk zur Schriftauslegung, in dem die Kirchenväterexegese mitbehandelt wird.)

Neuer Stuttgarter Kommentar Altes Testament (NSK-AT)

Bereits lieferbar

Band 3
Thomas Staubli
Die Bücher Levitikus, Numeri
400 Seiten, 1996
ISBN 3-460-07031-5

Band 6
Christian Frevel
Das Buch Rut
176 Seiten, 1992
ISBN 3-460-07061-7

Band 7
Silvia Schroer
Die Samuelbücher
224 Seiten, 1992
ISBN 3-460-07071-4

Band 11
Stephanie von Dobbeler
Die Bücher 1/2 Makkabäer
272 Seiten, 1997
ISBN 3-460-07111-7

Band 13/1
Manfred Oeming
Das Buch der Psalmen, 1-50
ca. 250 Seiten, 1999
ISBN 3-460-07131-1

Band 15
Walter Bühlmann
Das Hohelied
118 Seiten, 1997
ISBN 3-460-07151-6

Band 16
Helmut Engel
Das Buch der Weisheit
322 Seiten, 1998
ISBN 3-460-07161-3

Band 18/1
Peter Höffken
Das Buch Jesaja, Kap. 1-39
272 Seiten, 1993
ISBN 3-460-07181-8

Band 18/2
Peter Höffken
Das Buch Jesaja, Kap. 40-66
282 Seiten, 1998
ISBN 3-460-07182-6

Band 19/1
Wolfgang Werner
Das Buch Jeremia, Kap. 1-25
220 Seiten, 1997
ISBN 3-460-07191-5

Bereits lieferbar

Band 19/2
Wolfgang Werner
Das Buch Jeremia, Kap. 25-52
ca. 220 Seiten, 1999
ISBN 3-460-071923

Band 22
Dieter Bauer
Das Buch Daniel
261 Seiten, 1996
ISBN 3-460-07221-0

Band 23/1
Eberhard Bons
Das Buch Hosea
186 Seiten, 1996
ISBN 3-460-07231

Band 24/1
Ursula Struppe
Die Bücher Obadja, Jona
155 Seiten, 1996
ISBN 3-460-07241-5

Band 24/2
Robert Oberforcher
Das Buch Micha
157 Seiten, 1995
ISBN 3-460-07242-3

Band 27
Christoph Dohmen
Vom Umgang mit dem AT
128 Seiten, 1995
ISBN 3-460-07271-7

Band 29
Ernst Axel Knauf
Die Umwelt des AT
288 Seiten, 1994
ISBN 3-460-07291-1

Band 32
Manfred Oeming
Bibelkunde Altes Testament
112 Seiten, 1995
ISBN 3-460-07321-7

Band 33/2
Th. Heither/ Chr. Reemts
**Schriftauslegung -
Die Patriarchen bei den
Kirchenvätern**
172 Seiten, 1999
ISBN 3-460-07332-2

Verlag
Katholisches
Bibelwerk
GmbH